미국학생을 위한

프랑스어 화술과 회화 연습

Exercices de conversation et de diction françaises
pour les étudiants américains

이오네스코 IONESCO 원작
박해란 번역

도서출판 金井 Goldwell Publishing Inc.

미국학생을 위한 프랑스어 화술과 회화 연습

Exercices de conversation et de diction françaises pour les étudiants américains

원 작 IONESCO 이오네스코
번 역 박해란

초판 인쇄 2013. 8. 21
초판 출판 2013. 8. 25

디자인 종이비행기

펴낸곳 도서출판 금정
등록번호 제카1-101호 (1988. 8. 1)
주소 우.607-833 부산시 동래구 온천1동 193-14
이메일 zebra7936@hanmail.net
전화 051)512-7936 팩스 051)583-9399

ISBN 978-89-86305-96-8 93680

잘못된 책은 바꾸어 드립니다.
값은 뒤표지에 있습니다.

목 차

장 마리, 마리 쟌느 ………… 5
출석 부르기 ………… 7
인사하기 ………… 9
뭔가를 가지다와 안 가지다 ………… 12
수업 ………… 14
병원방문 ………… 20
병원방문(그 다음날) ………… 23
여러 가지 ………… 28
궤변의 불행 ………… 30
좋은 날씨와 나쁜 날씨 ………… 33
최대한과 최소한 ………… 36
자동차와 바퀴 ………… 39
휴가 ………… 47
극장 ………… 52
여행사 ………… 55
반과거와 과거완료 ………… 59
법정에서 ………… 61

독백 ······ 63
아이들의 놀이 ······ 66
격 언 ······ 68
만약 ······ 71
백 살 노인, 그리고 몇 개의 접속법과 가정법들 73
예절수업 ······ 77
미래 ······ 81
시장 ······ 84
빵집 ······ 86
의원 ······ 90
동물병원 ······ 93
IN, UN, AN, ON 그리고 칠면조 ······ 95
파리의 레스토랑 ······ 96
대단한 시대 또는 대단한 모습 ······ 103

장 마리, 마리 쟌느

장 마리 안녕, 마리 쟌느

마리 쟌느 안녕, 장 마리 어디 가세요?

장 마리 수업 가는데, 당신은요?

마리 쟌느 수업 갑니다. 아, 저기 필립이 오네요. 어디를 저렇게 급히 가죠?

장 마리 학교 쪽으로 가고 있네요.

마리 쟌느 우리도 거기로 가는데, 재처럼 급히 가지는 않아요, 우리가 앞서고 있죠.

장 마리 늦을까봐 걱정입니다. 그래도 우리는 같은 수업을 들으니까, 같은 시간에 도착해야 한다구요

마리 쟌느 그런데 아마 내가 늦을 것 같은데요.

장 마리 그럼 내가 먼저 가겠군요.

마리 쟌느 우리가 논리적인가요?

장 마리 그렇지 않다고 생각합니다.

마리 쟌느 상관없어요, 중요한 건 건강입니다.

장 마리 맞는 말입니다. 내년 방학 때까지 견딜 수 있어야 해요.

마리 쟌느 내년까지는 한참 남았어요.

장 마리 프랑스어가 내 머리에 들어올 때까지는 많은 시간이 필요할까요?

마리 쟌느 네 머리로는 20년은 공부해야 해.

장 마리 20년 되면, 그 전 19년 공부는 전부 까먹을 지도 몰라.

마리 쟌느 그렇게 되면, 너에게 20년을 새로 공부시켜야 할걸.

장 마리 넌 좀 옳지 못해. 난 지금도 프랑스어를 잘 하잖아?

마리 쟌느 그건 진짜 프랑스어가 아니야. 영어 번역이지.

출석 부르기

필립 (교수), 마리 쟌느, 장 마리 (학생들)

필립 안녕하세요, 신사 여러분. 안녕하세요, 숙녀 여러분. 대답 안하십니까? 대답 안하는군. 왜 대답 안 하죠? 자, 대답해 보세요. 아, 너무 이르군, 학생들이 아직 오지 않았어. 저런, 복도에 발자국 소리들이 들리는군. 도착하고 있어. 이제 왔군. 문을 여세요. 들어오세요. 문 닫으세요. 앞으로 오세요. 앉으세요. 조용히 하세요. 출석 부릅니다. 장 마리.

장 마리 네.

필립 장 마리, 당신 이름이 뭔가요?

장 마리 장 마리라고 합니다.

필립 맞아요. 잘 하네요. 영리한 학생이군요. 마리 쟌느.

마리 쟌느 네.

필립 마리 쟌느, 당신 이름이 무엇이죠?

마리 쟌느 장 마리라고 해요.

필립 이해를 못하는군. 틀렸습니다. 잘못 생각하고 있어요. 자, 마리 쟌느, 말 해 보세요, 이름이 무엇이죠?

마리 쟌느 마리 쟌느라고 해요.

필립 좋아요, 이젠 틀리지 마세요. 오늘은 이걸로 충분합니다. 일어나세요. 나가세요. 식사들 하러 가세요.

인사하기

마리 쟌느, 토마스 (학생들)

마리 쟌느 안녕, 토마스.

(토마스, 대답 안한다.)

마리 쟌느 나한테 안녕이라고 말하기 싫으니? 왜 싫은데?

토마스 왜냐하면, 너를 모르니까.

마리 쟌느 모르는 사람한테도 인사는 하는 거잖아, 더군다나 넌 나를 아니까, 나한테 안녕하고 말 할 수 있잖아.

토마스 아, 그러네. 미안. 이제 알아보겠다. 그럼, 인사하지, 어떻게 지내니? 기분은 어때? 건강은 어떻고?

마리 쟌느 난 너한테 더 이상 인사하고 싶지 않아. 날 몰라보는 사람은 좋아 하지 않아.

토마스 그래도 말해봐.

마리 쟌느 난 내가 아는 사람한테도 인사하고 모르는 사람한테도 인사해. 날 몰라보는 사람한테는 인사하지 않고 말조차 안 해. 지금 몇 시니?

토마스 12시15분 전이야, 마리 잔느. 아, 아니 12시10분... 미안, 12 시 반.

마리 잔느 12시가 넘었는데 왜 우리 점심 먹으러 안 가지?

토마스 선생님이 아직 모르고 있나봐.

마리 잔느 시계를 쳐다보기만 하면 되는데, 왜 시계를 안 보는 거지?

토마스 말하고 있어. 말하기와 시계 보기 두 가지를 동시에 할 수 없나봐.

마리 잔느 12시가 넘었다고 말해주어야 하나?

토마스 동시에 두 가지도 못하는데. 말하고 시계 보고 네 말 듣고, 세 가지 하는 건 더 더욱 못하지.

마리 잔느 난, 네 가지를 할 수 있어. 그가 말하는 것을 듣고, 네가 말하는 것도 듣고, 너한테 말하고, 그리고 배고픈 것. 그건 세 가지를 하는 것보다 더 힘들지.

토마스 그에게 다섯, 여섯, 일곱, 여덟, 아홉, 열, 열하나, 열 둘, 열 셋, 열 넷, 열다섯, 열여섯, 열일곱, 열여덟, 열아홉, 스물, 스물하나, 서른, 마흔, 오십, 육십, 칠십, 팔십, 팔십 하나, 구십, 구십 아홉, 백, 천, 백만, 백만 가지의 일을 한꺼번에 하게 할 수 있을거야.

마리 쟌느 그건 두 가지를 한꺼번에 하는 것 보다 훨씬 더 어려워.

토마스 왜?

마리 쟌느 넌 너무 바보라서 이해 못해.

토마스 난 바보가 아니라 근시야.

마리 쟌느 차라리 그가 하는 말을 들어 봐.

토마스 난 차라리 프랑스어로 수를 세는 법을 배우는 게 더 좋겠어.

뭔가를 가지다와 안 가지다

토마스, 마리 잔느, 딕

토마스 안녕, 마리 잔느, 벌써 오후 2시야. 식사 안했어, 배고파.

마리 잔느 난 배고프지 않아, 더워.

토마스 난 배가 고프고 더워.

마리 잔느 난 덥기도 하고 춥기도 해. 왜냐하면, 지금은 여름이고 올 여름은 춥기 때문이야.

토마스 난 배고프고 덥고, 목말라.

마리 잔느 대개 목이 마를 때는 잠이 오는 법인데, 난 잠이 와.

토마스 난 배고프고, 덥고, 춥고, 목이 마르고, 잠 오고, 스무 살이야.

딕 더위, 배고픔, 추위, 목마름, 배고픔을 가지는 것보다 스무 살을 먹는 게 낫지.

토마스 난 배고프고, 덥고, 춥고, 잠 오고 동시에 스무

살이기도 해

딕 난, 배가 고프지도, 덥지도, 춥지도, 잠이 오지도 않고, 스무 살도 아냐. 아무것도 필요 없는데 온 데가 아파.

토마스 그래 네 말이 맞아, 아무 것도 필요 없지, 그 어떤 것도.

마리 잔느 아냐, 그가 틀렸어.

토마스 아니, 그가 옳아, 그는 아무 것도 필요로 하지 않거든.

마리 잔느 아니야, 온 데가 아프니까 틀린 거라고.

딕 그렇다면, 차라리 잠이나 자는 게 낫겠어.

수업

딕 (교수), 토마스, 오드리

딕 안녕, 토마스.

토마스 안녕하세요, 선생님.

딕 나를 '선생님'이라고 부르지 마세요. 그냥 '딕'이라고 부르세요. 그게 간단합니다. 무엇보다 나이차가 그렇게 나지 않습니다. 안녕, 오드리.

오드리 (딕에게) 안녕하세요, 선생님.

딕 나를 '선생님'이라고 부르지 마세요. 그냥 '딕'이라고 부르세요. 그게 간단합니다. 무엇보다 나이차가 그렇게 나지 않습니다.

오드리 아, 그러세요, 선생님! 연세가 어떻게 되시는데요? 저는 일 일곱 살 밖에 안 되었는데요.

딕 17년 후엔 두 배가 될 겁니다.

오드리 그래요, 17년 후엔 스물여섯 살이 되겠네요.

토마스 그렇지 않습니다, 선생님, 죄송합니다, 딕. 17년 후에 오드리는 34살이 될 겁니다.

딕 암산을 아주 잘 하는군요. 그러나 오드리는 당신보다 프랑스어를 더 잘 하지요.

토마스 난 그녀를 따라잡을 수 있어요. 단지 제가 재보다 한 살 더 많거든요.

오드리 (토마스에게) 나는 당신이 열다섯 살인지 몰랐습니다.

딕 이봐요, 오드리, 17과 49를 더하면 15가 되지는 않아요.

오드리 그게 양들일 경우는 제외하고요. 아빠가 그렇게 말씀하셨어요.

딕 (토마스에게) 당신은 셈을 잘 하니까, 클라스 안에 있는 것들을 어서 세어보세요.

토마스 클라스라는 것이 뭐죠?

딕 클라스란 하나의 장소, 말하자면 하나의 방, 그 안에, 아니, 그보다는 한 선생에게서 지도를 받는 소란스런 학생들의 집합체죠. 그건 역시 강의가 행하여지는 방을 말하기도 해요. 말하자면, 그것은 뭔가를 가르치는 한 선생의 지도를 받고 있는 여러 학생들의 집합인 동시에 하나의 방입니다.

토마스 클라스가 동시에 두 가지가 될 수는 없어요. 오드리가 동시에 소녀면서 악어가 될 수도 있나요?

딕 곤란한 질문들을 하는군요. 심사숙고해 보도록 하지요. 그럼 이 교실 안에 있는 물건들을 말해보세요.

토마스 책상들, 연단, 의자, 왼쪽과 오른쪽에 마찬가지로 세 개의 창문이 보이고 내 앞과 당신 뒤에 문이 보입니다.

딕 그처럼 동일한 물건이 다른 두 장소에 동시에 있을 수 있습니다. 계속하세요.

토마스 교수님 한 분.

딕 그럼 그 교수는 어디에 있죠?

토마스 여기, 제 앞에 있습니다. 그 교수는, 바로 당신입니다.

딕 맞습니다. 나는 나를 보지 않지요. 계속하세요.

토마스 또 백묵, 흑판, 책들, 공책들, 볼펜, 전등, 지우개, 사전, 추시계, 내 친구 여학생 오드리, 남학생 한 명이 있습니다. 그리고 나, 톰.

오드리 그 외에 교실을 둘러싼 네 면의 벽, 우리 발밑의 바닥, 우리 머리 위에는 천정도 있습니다.

딕 교실에서는 뭘 하죠?

토마스 구두 질문, 필기로 질문, 큰 소리 낭독, 받아쓰기, 작문, 시험, 소란 피우기.

딕 단어들을 뒤죽박죽 나열한다고 다 되는 건 아닙니다. 그것들을 가지고 무언가를 해야 합니다.

토마스 뭐라구요, 선생님?

딕 단어들로 뭘 할 수 있지요, 오드리?

오드리 단어들을 가지고, 문장을 만들 수 있어요.

토마스 꼭 그렇게 해야 한다고 생각하세요?

딕 난 반드시 그렇게 해야 한다고 생각합니다.

토마스 그럼, 원하시니까 문장을 만들어 보겠습니다, 그러나 좋아하지는 않습니다.

딕 왜 좋아하지 않죠?

토마스 왜냐하면 문장이란, 과장되고 공허한 말들이기 때문입니다. 라루스사전에 그렇게 쓰여 있어요.

오드리 라루스사전에는 문장이란 완전한 의미를 가진 단어들의 집합이라고 씌어 있어요.

토마스 저는 당신의 정의에 동의하지 않습니다.

오드리 왜 내 정의에 동의하지 않니?

딕 왜 그녀의 정의에 동의하지 않나요?

토마스 왜냐하면 문장들은 공허한 의미를 가지면서 동시에 하나의 완전한 의미를 가질 수는 없기 때문이죠.

딕 당신은 우리를 힘들게 하는군요. 만약 당신이 오늘 배워야 할 단어들을 가지고 문장들을 만들지 않는다면, 나쁜 점수를 주겠습니다.

토마스 좋아요, 딕, 해볼게요. 작은 책상이 공책 속에 있다. 선생님은 시계의 조끼 주머니 속에 있다. 흑판이 선생님 위에 답안을 쓴다. 백묵이 지우개를 지운다. 복도와 운동장은 교단 위에 있고 연단은 휴식시간에 발견된다. 백묵은 천장에 있고 창은 바닥위에 있다. 나는 학생을 열고 문은 걸상위에 앉는다. 종은 세 개의 학교를 가지고 있다. 책은 그것을 둘러싸고 있는 네 개의 벽을 가지고 있다. 그렇지만, 사전은 단지 세 개의 창을 가지고 있는데, 하나는 영국풍이고 일곱 개는 프랑스풍이다. 창들은 문으로 나 있고, 중학교, 초등학교, 접착제가 선생님 손에 있다. 선생님은 칠판으로 백묵 위에 글을 쓴다. 휴식 시간이 종을 알린다. 나는 당신이고, 그는 우리가 아니며, 그들은 너다. 나는 네가 가진 것을 가지고 있고, 그는 그들이 가진 것을 가지며, 그들은 우리가 가지고 있지 않는 것을 가지고 있다.

딕: 그만해, 그만, 그건 엉터리야, 그게 아니야. 아이구, 오드리가 기절해 버렸네. 토마스, 도와줘. 오드리가 기절했어.

토마스: 그건 낙하한 겁니다.

병원방문

필립, 마리 쟌느, 장 마리, 수위

필립 안녕하세요, 의사선생님, 우리는 프랑스어 첫 수업시간 마지막에 기절한 마리 쟌느양을 보러 왔습니다.

장 마리 의사선생님, 그녀는 좀 나아지고 있나요? 그녀 없이는 수업을 계속할 수가 없답니다. 학생들 없는 수업은 없지요.

수위 난 의사가 아닙니다, 수위예요. 그렇지만 당신들이 어디서 마리 쟌느양을 찾을 수 있는지는 알려드릴 수 있습니다.

장 마리 그럼 어디서 찾을 수 있죠?

수위 당신들은 그 불쌍한 아가씨를 12번 건물에서 찾을 수 있습니다. 마당 저 안쪽입니다. 당신들 앞에 쭉 뻗어 있는 좁은 길을 따라 가면 됩니다. 그 끝에서, 사거리 지나 왼쪽 길로 가세요. 그리고 앞으로 14미터 50센티 정도 나아갔을 때, 연못이 나올 때까지 쭉 바로 가세요. 연못을 돌아서 다시 제자리로 되돌아가서, 13미터 8센티 2밀리미터, 왼쪽의 작은 길로 가세요. 이어서 오른쪽으로, 왼쪽으로, 오른쪽으로, 왼쪽으로, 오른쪽으로, 왼쪽으로 도세요. 그리고 앞으로 가서 초록색 벤치에 도착할 때까지 걸으신 다음, 현기증이 가실 때까지 5분 동안 앉아 계세요. 만약 벤치의 페인트가 아직 마르지 않았으면 앉지 마세요. 거기서, 석양을 바라보면서 앞으로 가세요 : 당신 왼쪽으로 들장미로 둘러싸인 오솔길이 보일 겁니다, 두 번째 오솔길은 자스민으로 둘러싸여 있지요. 그 두 길 어느 쪽으로도 가시면 안 됩니다. 한 쪽은 쟈스민과 드문드문 귀한 튤립으로 둘러싸여 있고, 다른 한 쪽은 쟈스민과 몇 개의 귀한 튤립으로 싸인 세 번째 오솔길로 가세요. 오른쪽이나 왼쪽으로 고개를 돌리지 말고 병원 직원이나 환자, 여행객, 정원사 또는 내 조수를 만날 때까지 길 한복판을 따라 앞으로 가세요. 이 사람에게 다가가서 12번 건물이 어디에 있는지 아는지, 그리고 가르쳐 줄 수 있는지를 물어 보세요. 만약 이 사람이 무지, 벙어리, 정신박약 등 이런 저런 이유로 당신에게 필요한 정보를 줄 수 없다면, 가르쳐 줄 수 있는 두 번째, 세 번째, 일곱 번째, 열다섯 번째 사람을 만날 때까지 계속 하십시오. 만약 병원 문 닫기 전에 이런 사람을 만날 기회가 있다면, 아직 아픈 친구를 문병할 시간이 있을 겁니다. 그렇지 않으면, 내일 아침 일찍, 우리 공원과 병원 지도를 가지고 다시 오십시오. 나는 그 지도를 50센트와 팁 만 4천 프랑에 팔 수 있습니다.

장 마리 지도를 사 가지고 내일 아침에 일찍 옵시다.

필립 수위 아저씨, 지도를 사고 싶은데, 좀 비싸네요. 좀 할인해 줄 수 없나요?

수위 팁만 주세요. 만 4천 프랑은 내가 갖고 50센트는 사무실에 줄 겁니다.

필립 좋아요, 수위 아저씨. 프랑스 은행에서 갓 찍어낸 지폐 만 4천 프랑입니다.

수위 감사합니다, 내일 뵙겠습니다.

장 마리 내일 뵙겠습니다.

수위 안녕.

필립 이번 병원방문에 비싼 대가를 치르는 구나. 비용을 충당 하는데 강의를 몇 개나 더해야 되지? 내 수업 사례금을 올려야겠군.

병원방문(그 다음날)

필립, 마리 잔느, 장 마리, 수위

필립 안녕하세요, 수위반장님, 우린 어제 왔었는데 못 알아보시겠어요? 우리는 프랑스어 마지막 수업 마칠 때 기절했던 마리 잔느를 보러 왔습니다.

수위 내가 아닌데요. 너무 늦은 시간이라 밤 근무 수위를 보았군요. 나는 낮 근무 수위랍니다.

필립 우리는 차를 타고 왔고 정원과 병원 건물들의 상세 지도를 가지고 왔습니다.

수위 좋습니다. 됐군요. 그럼 당신지도를 갖고 찾아 가세요. 내가 필요 없군요. 오솔길로 천천히 운전하세요.

필립 자, 장 마리, 내가 운전하는 동안 지도를 읽어주세요. 필요한 지시를 하세요.

장 마리 자, 계속 바로 가세요. 사거리군요. 왼쪽 길로 가세요. 전진하세요, 도세요, 멈추세요, 전진하세요, 곧 바로 빨리, 천천히, 연못을 돌아가세요. 후진, 정지. 도세요, 전부 새로 시작하세요. 다시 후진하세요. 너무 뒤로 왔어요. 다시 전진. 왼쪽으로, 오른쪽으로, 오른쪽으로, 왼쪽으로, 직진, 후진, 가속 페달을 밟으세요, 정지, 브레이크, 브레이크 밟지 마세요, 도세요, 여기 녹색 의자가 있네요. 안으로 들어가세요, 반대로 하세요. 좋아요, 됐어요. 왼쪽으로, 이 길로 가세요, 아니, 옆길로 가세요, 됐습니다, 우린 제대로 왔습니다. 당신 오른쪽으로 가세요, 왼쪽으로 도세요. 핸들을 돌리세요. 드디어 도착했습니다.

필립 고맙습니다, 장 마리. 내립시다. 문 꼭 닫으세요. 조심하세요, 너무 세게 말구요. 벌써 내 새 차를 망가뜨려 버렸군요.

장 마리 조심할게요. 오 미안해요, 필립, 당신 차체가 산산 조각났어요. 다른 차를 살 수 있도록 돈을 분담하지요.

필립 당신 참 성가시군요, 장 마리. 울지 마세요. 양심의 가책으로 너무 괴로워하지 마세요. 마리 쟌느가 어디에 있는지 병원장 의사를 찾아 물어 봅시다.

장 마리 저런, 그가 우리 쪽으로 오고 있어요. 안녕하세요, 의사선생님, 우리에게 말해주실 수……

X 전 의사가 아니라 간호사입니다.

장 마리 미안합니다, 아주머니.

X 아줌마가 아니라 아가씨입니다.

장 마리 미안합니다, 아가씨. 아 저기 누가 오는군, 안녕하세요, 의사선생님.

X1 미안합니다, 저는 의사가 아닙니다. 본관건물의 문입니다. 들어오세요, 들어오세요.

장 마리 안녕하세요, 의사선생님.

X2 난 의사가 아닙니다. 2층으로 가는 에스컬레이터입니다. 타세요, 타세요.

X3 난 의사가 아닙니다, 에스컬레이터의 경사로입니다.

장 마리 안녕하세요, 의사선생님.

X4 난 의사가 아닙니다, 층계참입니다.

장 마리 안녕하세요, 의사선생님.

X5 난 의사가 아닙니다, 수술테이블입니다.

장 마리 안녕하세요, 의사선생님.

X6 난 의사가 아닙니다, 외과의사가 쓰는 메스입니다.

장 마리 안녕하세요, 의사선생님.

X7 난 의사가 아닙니다, 아무 것도 아닙니다.

장 마리 안녕하세요, 의사선생님

X8 난 의사가 아닙니다, 진찰실입니다.

장 마리 안녕하세요, 의사선생님.

X9 환자전용 공동침실입니다.

장 마리 안녕하세요, 의사선생님.

X10 난 의사가 아닙니다, 단지 불쌍한 환기구일 뿐입니다.

장 마리 안녕하세요, 의사선생님.

X11 난 의사가 아닙니다, 체온 그래프입니다.

장 마리 안녕하세요, 의사선생님.

X12 난 의사가 아닙니다, 온도계입니다.

X13 난 환자 침대입니다.

X14 난 환자 베개입니다.

장 마리 안녕하세요, 의사선생님.

X15 난 이제 의사가 아닙니다, 사직했습니다.

필립 아, 여기 침대 위에 마리 쟌느가 있네.

마리 쟌느(혹은 X) 난 마리 쟌느가 아닙니다, 난 거기 없어요. 난 보름 전에(혹은, 보름 전부터) 병원을 나왔습니다.

여러 가지

필립 (교수)

장 마리, 마리 쟌느 (학생들)

필립 말해 보세요, 장 마리, 좋은 학생은 무엇을 해야 되지요?

마리 쟌느 좋은 학생은 빨리 그리고 잉크로 쓸 수 있어야 하고 제 시간에 도착해야 합니다.

필립 제 시간에 도착한다는 게 무슨 뜻입니까?

장 마리 아주 이른 시간일 때 제 시간에 도착하지요... 아니, 너무 늦었을 때 제 시간에 도착하는 겁니다.

마리 쟌느 선생님, 틀렸습니다. 미리 온 것이나 늦은 것이 아닐 때, 제 시간에 오는 것 입니다.

장 마리 난 '동시에 미리 왔거나 늦게 왔을 때를 제 시간에 온 것' 이라고 믿고 있었는데요.

필립 자, 장 마리, 당신은 오늘 일찍 왔나요, 늦게 왔나요, 너무 일찍 아니면 너무 늦게? 당신은 들어

오기 전에 오래 기다려야 했나요, 아니면 매일, 매일 아침, 매년 그러는 것처럼 울면서 당신들을 오래 기다려야했던 것이 나였나요?

마리 잔느 선생님, 슬프지 않으시려면 여행도 자주 가시고, 말씀도 많이 하시고, 저녁 마다 신나게 춤도 추시고 기분이 좋도록 해야 합니다.

장 마리 춤을 너무 많이 추면, 땀이 나서 나쁜 냄새가 납니다.

마리 잔느 그럼, 노래 부르는 것이 더 좋겠네요.

필립 마리 잔느는 정확하게 부르니까 노래할 수 있어요.

장 마리 아뇨, 그녀는 엉터리로 노래합니다.

궤변의 불행

필립, 토마스, 마리 쟌느

필립 토마스, 어제 오후에 뭘 했어요?

토마스 어제, 오후 4시에, 수업 마치고 집에 갔는데, 어머니가 안 계셨습니다. 그 당시 어머니는 사업차 여행 중인 아버지를 동반하셨습니다. 그래서, 아버지 역시 안 계셨습니다.

필립 토마스, 당신은 논리적이군요.

토마스 그런데 제 아내 역시 없었습니다.

필립 당신 아내가 집에 없었다구요?

토마스 집에 있을 수가 없었습니다.

필립 어떻게 된 겁니까? 늘 당신을 기다리는 습관이 없나요? 혹시 당신이 평소 다니던 길과 다른 길로 당신을 만나러 간 건 아닐까요?

토마스 그녀 역시 나를 만나러 올 수 없었습니다.

필립 도대체, 왜요?

토마스 왜냐하면 전 아직 결혼하지 않았거든요.

필립 다행입니다, 난 그녀가 병에 걸린 건 아닐까 걱정했습니다.

(대화는 여기서 멈추었다가 다음과 같이 이어질 수 있다.)

마리 쟌느 존재 자체가 가설에 불과한 상상병 환자와 결혼하느니 차라리 잘난척하는 웃기는 여자와 결혼하는 게 났겠어요.

필립 잘난척하는 웃기는 여자는 있을 수 없습니다, 웃음거리가 되면 회복하기 어렵거든요. 그래서 잘난척하는 여자도 아픈 여자와 마찬가지로 상상이라는 겁니다. 둘 다 존재할 수 없는 것입니다.

마리 쟌느 그렇지만 우리는 잘난척하는 여자들이 존재한다는 건 알아요. 우리 모두 만났잖아요. 잘난척하는 사람들이 웃길 수밖에 없다는 것은 사실입니다. 그러니까 잘난척하는 웃기는 사람들은 비록 그것 때문에 죽는다 하여도 존재한다는 거죠.

필립 논리적으로는 존재한다는 결론이군요. 논리가 증거인만큼 믿어야 합니다. 그렇지만, 잘난척하는 웃기는 여자들이 정말 그들의 존재를 자각하고 있을까요?

마리 잔느 그건 알 수 없죠. 어쨌든 그 여자들은 무척 궤변에 능한 사람들이예요. (궤변에 능한 사람들일 수밖에 없죠.)

좋은 날씨와 나쁜 날씨

장 마리, 마리 쟌느, 토마스 (학생들)
필립 (교수)

(세 사람이 전화를 하고 있다, 각자의 전화기를 가지고. 장 마리와 마리 쟌느는 각자의 집에 있으면서 서로 전화하고 있다.)

필립 강의실에 아무도 없군. 내 학생들이 어디에 있을까? 교회에 있을까? 아닐 거야. 오늘은 일요일이 아니잖아. 부주의로 다른 강의실로 들어갔나? 그럴 리가 없어. 그들을 여기, 내 강의실로 데려왔을 텐데. 학교 건물 안에서는 아무도 그들을 보지 못했어. 틀림없이 오늘 아침 학교에 오지 않았어. 각자 자기 집에 있을 거야. 그들에게 전화해야겠다... 여보세요!

마리 쟌느 여보세요.

장 마리 여보세요, 당신, 마리 쟌느입니까?

마리 쟌느 아니, 제가 아닙니다. 아, 네, 접니다! 제가 아니라고 한건 당신이 아니라고 생각했기 때문입니다.

필립 아이 신경질 나, 장 마리가 통화 중이야. 마리 쟌느에게 전화해야겠다. 학교에 없으니 집이나 내가 모르는 어딘가에 있을 거야. 내가 모르는 곳에 전화하기 전에 그녀의 집으로 전화해야겠다. 여보세요! 여보세요! 아무도 없군.

(수화기를 내린다)

장 마리 (전화로, 마리 쟌느에게) 그래 나야. 오늘 왜 학교에 가지 않았어요?

마리 쟌느 당신은요?

토마스 마리 쟌느의 전화가 통화중이군. 다시 장 마리에게 전화해 봐야겠다.

장 마리 나는 수업에 안 갔어, 왜냐하면 춥기 때문에, 비 오기 때문에, 눈이 오기 때문에, 날이 얼어서, 안개가 끼어서, 하늘이 회색이어서, 바람 불고 우박이 내리기 때문이지.

필립 여보세요, 여보세요, 역시 아무도 없어.

마리 쟌느 난, 학교에 안 갈거야, 너무 덥고, 햇볕이 따갑고, 모자가 없어서 일사병에 걸릴까봐 겁나기 때문이지.

필립 장 마리의 전화는 아직 안 되네. 어쨌든 혼자서 수업을 할 수는 없어. 죽었든 살았든 내겐 학생들이 있어야 해, 살아 있으면 더 좋고. 분명 자기들끼리는 서로 통화들 하고 있을 텐데. 각자가 다른 통화자에게 전화하지 않는다면야. 왜 학교에 오지들 않았지? 그렇게 덥지도 춥지도 않고, 비가 오는 것도 아니고, 햇볕이 머리를 그리 뜨겁게 내리쬐지도 않는데. 단지 안개가 조금 있을 뿐인걸. 내 차를 타고 걔네들 집으로 찾으러 가야겠다. 누구한테 먼저 가지? 결정하기가 끔찍하게 어렵군.

장 마리 우리 내년에 날씨가 좀 덜 추울 때 학교에 가자. 날씨가 음침해.

마리 쟌느 우리 내년에 날씨가 좀 덜 더우면 학교에 가자. 날씨가 더울 때 학교 가는 것은 기분이 좋지 않아.

필립 여보세요, 차고입니까? 학교 마당으로 차를 보내주세요. 이런 학생들을 가지고 있다니 슬픈 일이야.

최대한과 최소한

(소유 형용사 : 나의, 너의, 그의, 우리들의, 너희들의, 그들의)

마리 쟌느, 토마스 (학생들)
딕 (교수)

토마스 나의 집은 내 누이보다 더 크다. 그러나 창문은 더 적게 가지고 있지.

마리 쟌느 그래, 그런데 나의 오빠는 에펠탑보다 더 작다. 그는 창문이 더 많아.

딕 내 형제들, 내 누이들, 내 아주머니, 내 사촌, 나의 할아버지, 내 할머니 내 모든 친구들은 너희들의 오빠나 누이와 같지 않아 ; 그들은 에펠탑만큼 크거나 에펠탑만큼 작기도 하지. 그리고 그만큼의 창문도 가지고 있어.

마리 쟌느 틀린 것 같은데요. 선생님의 부모와 친구들은 에펠탑만큼 크거나 에펠탑만큼 작지도 않아요.

토마스 (마리 쟌느에게) 넌 왜 선생님의 부모와 친구들이 에펠탑만큼 크지 않다고 믿는 거니? 딕이 말한 것은 진짜야. 그는 선생님이잖아. 각자는 각자의 진실이 있는 거야. 그는 선생으로서의 진실을 갖고 있어.

마리 쟌느 선생님도 더 이상 머리가 없다면 틀릴 수도 있어.

토마스 선생은 언제나 어깨 위에 머리를 가지고 있다구.

마리 쟌느 누군가가 그의 머리를 자른다면, 더 이상 머리를 가질 수도 없지.

딕 누가 내 머리를 자르진 않았어. 어쨌든, 난 납득할 수 없어. 그러면 너희들은, 너희들은 머리가 있니?

토마스 머리 위에 손을 얹어 보죠. 저는, 아직 머리가 있습니다. 우리는 머리를 가지고 있습니다.

딕 원칙적으로 말하자면, 우리는 두 개의 머리를 갖고 있지. 난, 좋은 머리와 나쁜 머리를 갖고 있고. 여러분도 역시 좋은 머리와 나쁜 머리를 갖고 있지.

토마스 맞아요. 우리는 각자 좋은 머리와 나쁜 머리를 갖고 있어요.

딕 어디에 있죠?

마리 잔느 우리 머리는 여기 있어요. 어떤 것이 좋은 머리고, 어떤 것이 나쁜 머리입니까?

토마스 좋은 머리는 우리가 보고 있는 것이야. 나쁜 머리는 보이지 않아.

딕 아직 좋은 머리를 갖고 있다면, 내 말을 잘 이해하세요. 나의 아버지, 어머니, 형제들, 남자사촌, 여자사촌들은 에펠탑만큼 크기도 하고 에펠탑만큼 작기도 해요. 그런데, 그것은 사람크기로 만든 에펠탑이랍니다.

토마스 저는 정정하신 것을 노트하겠습니다.

마리 잔느 저도 정정하신 것을 노트할게요.

딕 지금까지 이야기들의 결론은, 손가락으로 먹어서는 안 되며, 고기는 칼로 잘라야 하고. 칼과 포크를 가지고 먹어야 한다는 것이지. 이것이 우리가 할 수 있는 최대한이며, 최소한이야.

자동차와 바퀴

토마스, 필립, 마리 쟌느

토마스 안녕, 필립. 안녕, 마리 쟌느.

필립 안녕, 토마스, 안녕, 마리 쟌느.

마리 쟌느 안녕, 필립. 안녕, 토마스.

필립 다행히도 학교에 늦지 않았구나. 그런데, 오다가 사고가 났었어.

토마스 큰 사고였니?

필립 한 사람은 죽고, 한 사람은 부상을 당했어. 난 운이 좋았지. 부상 당한건 내가 아냐. 죽지도 않았어.

토마스 네가 아니라면, 도대체 누가 죽고 누가 다친 거니?

필립 내가 충돌한 차에 타고 있던 사람들이지. 내 차는 그들 차보다 더 강했거든.

토마스 네 차는 무슨 상표인데?

필립 내 차는 듀퐁 64야.

마리 잔느 프랑스차야? 프랑스차는 미국차보다 작지만 더 단단하지.

토마스 항상 그렇지는 않아. 나는 미국제 차를 하나 갖고 있어. 그 차를 가지고 프랑스제 차 하나를 박살냈거든. 그런데, 아무도 죽이지는 않았어. 차에는 승객도 없었고 운전수도 없었거든.

마리 잔느 네가 부순 프랑스 차가 길 가에 (주차하고) 있었냐?

토마스 아니, 혼자 길 중앙에서, 내 차 쪽으로 마주 오고 있었어.

필립 네 미국차는 무슨 상표인데?

토마스 듀퐁 64인데 제조회사는 같은 듀퐁이 아니야. 지난 세기에 미국에 설립된 미국 듀퐁이야.

마리 잔느 네 차에 대해 설명해 줄 수 있어?

토마스 쉽게 설명할 수 있어. 시작한다. 내 차에는 4개의 바퀴가 있어.

마리 잔느 바퀴란 게 뭐지?

토마스 바퀴가 뭔지는 모두가 알아.

마리 잔느 모두가 바퀴가 뭔지 영어로는 알지. 그런데 모두가 불어로는 알지 못해.

토마스 영어로 바퀴를 뭐라고 하는지 모두가 다 아는 것도 아니야. 왜냐하면, 많은 사람들이 영어를 쓰지 않거든.

마리 잔느 가령, 이탈리아 사람은 학교에서 영어를 배웠거나, 아니면 영국이나 미국에서 살지 않았다면 영어를 쓰지 않지. 중국 사람들도 학교에서 영어를 배웠거나, 영국이나 미국에서 살지 않았다면 역시 영어로 말하지 않아. 그렇지만, 호주사람이나 영어권 캐나다 사람들은 영국이나 미국에 살지 않았더라도 영어를 써.

토마스 그럼, 영국이나 미국에 살지 않은 이태리 사람, 브라질 사람, 중국 사람들에게는 누가 영어를 가르치지?

마리 잔느 우리가 미국 학교에서 불어를 배우는 것과 마찬가지로 이태리 사람, 브라질 사람, 중국 사람들이 영어를 배울 수 있었어. 영어 선생이 그들에게 가르쳤지.

토마스 그들의 영어선생들은 틀림없이 그들 나라의 대학 당국에 고용된 영국이나 미국 사람들이었을 거야.

마리 쟌느 중국이나 이태리, 브라질의 초등학교 선생은 영어를 아는 중국인, 이태리인, 브라질인이었을 거야.

필립 어떻게 그 중국, 이태리, 브라질 선생이 영어를 알 수 있지?

마리 쟌느 그 중국, 이태리, 브라질 선생은 미국이나 영국에서 영어를 배울 수 있었어. 그리고, 영어를 아는 선생이 있었다면, 그들 역시 자기 나라 학교에서 배울 수 있었어.

토마스 그런데 도대체 어디서 그 중국, 이태리, 브라질 선생들이 영어를 배울 수 있었지?

마리 쟌느 그 중국, 브라질, 이태리 선생들은 영국이나 미국에서 영어를 배우거나 각자 자기 나라에서 교수의 강의를 들을 수 있었지. 그 교수는...

토마스 사랑스런 마리 쟌느, 넌 내 머리를 아프게 하는구나.

필립 사랑스런 마리 쟌느, 내 머리도 아프게 하는구나. 우리가 얘기하던 불어 바퀴로 되돌아가자.

토마스 무슨 불어 바퀴?

필립 자동차 바퀴.

토마스 자동차만 있는 거야 아니면, 다른 차들도 있는 거야? 있다면 어떤 것이 있지?

필립 특히 자동차지. 아직 후진국들에는 마차가 좀 남아있지. 마차는 말이나 여러 마리의 소가 끄는 거야. 또 손으로 끄는 수레도 있어. 이것이나 저것이나 많지는 않아. 전 세계적으로 3,257대의 마차와 2,160대의 손수레가 아직 남아 있지.

토마스 어떤 나라에 불편하고 빠르지도 않은 낡아빠진 이런 차들이 있을까?

마리 쟌느 불편하고 빠르지도 않은 이 차들은 미국의 원조를 거절하는 고집 센 나라에서 볼 수 있지.

토마스 시간이 없어, 어서 바퀴에 대해 말해 줘.

필립 바퀴에는 먼저 중앙의 윤심이 있어. 달걀의 노른자도 아니고, 절인 자두 종류는 더더욱 아니야. 여기에서 흥미로운 것은 윤심은 바퀴살이 거기에 고정되어있는 바퀴의 중심부분이란 거지. 바퀴는 둥그렇게 생겼어. 윤심과 바퀴살은 나무나 금속으로 만들어진 외곽의 바퀴 테에 의해 둘러싸여 있지. 바퀴는 그 중심, 윤심 둘레를 돈다구. 차가 움직일 수 있는 것은 바퀴 때문이지. 바퀴는 인간의 가장 기발한 발명품 중의 하나야. 잉카 사람들은 그걸 알지 못했어. 공작도 꼬리의 깃털을 펼쳐서 바퀴 모양을 만들 수 있지. 공작의 바퀴는 자동차를 움직이게 하는데 쓸 수는 없고 다만, 공작이 으스대는데 만 쓸 수 있지. 그렇지만, 자동차의 바퀴와 공작의 바퀴에는 몇 가지 공통점이 있어. 예를 들면, 자동차의 바퀴와 마찬가지로 공작의 둥근 바퀴 속에도 막대기를 걸 수 있다는 거야. 운명의 바퀴는 또 다른 종류의 바퀴지. 운명의 바퀴는 돌지만, 보이지 않아. 이 마지막 것은 윤심도 없고 바퀴살도, 바퀴 테도 없지. 바퀴 역할을 하는 사람도 있는데, 그래서 사람들은 가장 나쁜 마차 바퀴가 항상 가장 시끄럽다고 하지.

토마스 바퀴에 대한 설명을 잘 이해하지 못했어. 아마 내가 불어를 잘 이해하지 못해서 그렇겠지. 괜찮다면, 다시 해 줄 수 있어?

마리 잔느 난, 이해했어. 토마스를 위해 그림을 그려.

필립 그건 불어수업이 아니지. 그림과 음악은 만국공통언어야.

토마스 그럼, 음악과 미술 수업을 듣는 게 더 났겠군.

마리 쟌느 토마스, 게으름 피우지 마. 네가 배워야 하는 건 불어야. 자, 필립, 차의 나머지는 무엇으로 구성되어 있지?

필립 바퀴를 제외하면, 차는 샤시, 클러치, 모터, 속도 상자, 뒤차축, 몸체, 방향조정장치, 제동장치, 크랭크 축, 분배와 윤활유 장치, 하나, 둘, 넷, 여섯 혹은 여덟 개의 실린더, 가스 흡입과 배출 배관, 자동차 등록증, 운전 면허증, 운전수, 와이퍼, 운전수의 주소증명, 자주 있는 한 명이나 여러 명의 승객, 좌석, 둘 또는 네 개의 문, 휘발유, 교통 위반 통지서 몇 장으로 되어 있지.

마리 쟌느 완전히 순서대로 된 건 아닌 것 같다.

토마스 정말이지 다시는 불어를 안 배워야겠다. 데생과 음악을 배우는 게 났겠다.

필립 앰블란스가 신속하게 사고 현장으로 왔어. 간호사 두 명이 내려서 들것 위에 부상자를 얹었고, 그러자 부상자는 앰블란스 안으로 들어갔어. 곧이어 간호사들이 차에서 다시 내려 죽은 사람을 들것에 얹어 앰블란스로 들어갔어. 앰블란스는 그들을 병원으로 데려갔어. 병원에서는 미국인 외과의사들이 사고를 당한 두 사람을 치료했는데, 맙소사, 부상자는 상처 때문에 죽고 반대로 죽었던 사람은 다시 살아났어.

휴가

딕, 토마스, 오드리

딕 안녕하세요, 친애하는 토마스씨, 휴가 잘 보내셨나요?

토마스 아주 멋진 바캉스를 보내진 않았습니다. 오드리와 나, 우리는 같이 떠났죠, 프랑스를 구경하려고.

딕 그렇다면, 당신 휴가는 틀림없이 아주 즐거웠겠군요.

토마스 대단히는 아닙니다, 딕. 오드리는 프랑스에 있는 증조모 댁에 있었고, 나는 파리에 있는 내 삼촌 친구의 공증인 집에 묵지 않으면 안 되었답니다. 그렇게 해서 오드리와 나, 우리는 떨어져 있었지요. 파리, 그건 프랑스가 아닙니다.

딕 얼마동안 파리에 머물러 있었나요?

토마스 난 파리에 오랫동안 머물지는 않았어요. 너무 외로웠어요. 너무 지루해서 내 휴가를 단축하지 않을 수 없었죠. 난 휴가 중 단지 일부만 거기서 보냈답니다.

딕 정확하게 얼마동안이나?

토마스 정확하게 77 년이죠.

딕 많은 건 아니네요. 그 기간 동안 결국 오드리를 전혀 보지 못했다는 건가요?

토마스 아니오, 가끔. 그녀는 너무 멀리 살았어요. 난 그녀를 단지 매일, 아침, 아침식사 시간, 정오, 점심시간, 오후 간식시간, 가끔은 간식과 저녁 사이, 이어서 저녁에, 그리고 저녁 식사 후 영화관이나 극장에서 만났답니다, 그녀는 멀리 뇌이이에 살았고, 나는 파리, 뽀르뜨마이요에 살았기 때문에 더 이상 자주 올 수가 없었지요. 뇌이이는 파리에 속하지 않고 파리는 프랑스가 아니기 때문에 그녀가 나를 보러 파리에 올 때마다 여권에 비자를 신청해야 했거든요.

딕 토마스, 당신 바보예요?

토마스 내가 바보라면 불어를 하겠어요?

딕 물론 아니죠. 파리에서 뭐가 가장 강한 인상을 때렸나요?

토마스 아무도 나를 감히 때리려하지는 않았어요. 그랬다면, 난 직선 스트레이트를 꽂든지, 아니면 나를 때리려하는 녀석의 턱에 레프트 훅으로 응수했을 겁니다. 난 단지 내 삼촌의 공증인한테서 엉덩이를 한번 걷어차였을 뿐입니다.

딕 도대체 왜요?

토마스 그가 화가 났었지요. 난 그에게 파리에는 뉴욕보다 근시들이 많다고 하자, 그가 화를 내면서 거기를 걷어찼지요, 좀 잘 보라고 하면서 말입니다.

딕 토마스, 확실히 당신은 바보군요.

토마스 아니, 난 바보가 아닙니다. 계속 나를 모욕하신다면, 수업을 그만두고 다른 선생님한테 가겠습니다. 그리고 수업료도 내지 않겠어요.

딕 좋습니다, 좋아요, 그래 당신은 바보가 아니고, 얼간이도 아닙니다.

토마스 그렇다면, 좋아요. 남겠습니다.

딕 말해보세요, 파리에서 무얼 보았죠?

토마스 난 배가 고파서 대단한 것은 보지 못했고, 단지 식당에서 접시들을 보았고, 목이 말라서 카페에서 유리컵을 보았죠, 잠이 올 때, 내 침대와 침대시트를 보았어요, 많이 보지는 못했어요, 너무 빨리 잠이 들었기 때문에 난 눈을 감았고, 단지 꿈속에서만 보았어요. 나머지 시간은, 오드리를 바라보았는데, 그녀는 나를 보러 너무 적게 왔어요, 난 그 기회를 이용했죠. 그러나 새로운 것은 아니었어요, 이미 오드리를 자주 뉴욕에서 보았고 파리, 심지어 뇌이이에서도 얼굴이 바뀌지 않았기 때문이죠. 난 근시들만 보았는데, 그들은 너무 멀리 있어서 나를 보러 올 수 없었습니다.

딕 아, 마침 오드리가 오네요. 안녕 오드리.

오드리 안녕하세요 딕, 안녕 토마스.

딕 당신이 사는 뇌이이에서 휴가를 잘 보냈습니까?

오드리 난 뇌이이가 아니라, 파리의 오페라 근처에서 지냈어요. 산책도 많이 하고, 루브르와 그림전시회에도 가보았고, 뛸르리, 룩상부르와 극장에도 갔었고, 하수구에 빠지기도 했어요. 요컨대, 난 아주 재미있게 지냈어요, 왜냐하면 나는 혼자였고, 다른 누구의 의견을 묻지 않아도 되었기 때문이죠.

딕 토마스는 방학동안 당신을 매일 보았다고 하는데.

오드리 그는 착각하고 있어요. 그는 내 쌍둥이 언니와 함께 여행했고, 그녀를 나라고 믿고 있었어요. 그렇지만, 내 언니는 나를 완전히 닮지는 않았어요. 그녀와 나 사이에는 약간의 작은 차이점들이 있답니다. 난 작은 들창코인데 언니는 큰 납작코죠, 내 언니는 검은 눈인데 나는 파란 눈이고, 내 언니는 빨강머리인데 나는 금발이고, 내 언니는 키가 2미터 90센티인데 나는 1미터 68센티미터이며, 언니는 .....

딕 가로막아서 미안합니다만, 어떻게 토마스가 그런 차이점을 알아차리지 못했을까 설명해주실 수 있을까요?

오드리 그가 알아차리지 못한 이유는 두 가지입니다. 우선, 그 차이가 크지 않기 때문이고, 다음으로는 토마스가 매우 심한 근시이기 때문이죠.

딕 그럴지 알았어. 그의 불어는 사투리가 아주 심하답니다.

오드리 영어도 마찬가지예요.

극장

필립 (선생), 장 마리 (학생)

필립 안녕, 장 마리.

장 마리 안녕하세요, 선생님. 제가 지금 어디서 오는지 궁금하지 않으세요?

필립 난 묻지 않습니다, 알기 때문이지요. 휴가의 일부분을 보낸 파리에서 왔지 않습니까.

장 마리 내가 파리에 있었다는 걸 어떻게 아세요?

필립 어제 저녁 역에서 만났을 때 당신이 나한테 그렇게 말했잖아요.

장 마리 미안합니다, 깜빡 했어요.

필립 어쨌든, 불어는 배웠나요?

장 마리 아뇨, 배울 수 없었어요. 파리 사람들은 불어를 정말 못해요. 틀림없이 고의로 그러는 것 같은데, 왜냐하면 자기들 언어라면 알아야 하는 거잖아요.

필립 재미있는 것은 보셨나요, 하셨나요, 아니면 보고 하셨나요? 그것들에 관해 듣기도 하셨나요?

장 마리 대단한 것은 하지 못했어요. 그리고 전혀 아는 게 없어서 뭔가 재미있는 것은 전혀 듣지도 못 했습니다, 그러나 정말 아름다운 것들을 보았습니다.

필립 무엇을 보셨습니까? 어디에 가셨는데요?

장 마리 극장에 갔었습니다.

필립 그걸 나에게 묘사하고 이야기 해 주세요. 어땠습니까?

장 마리 난 붉은 관람 의자로 된 큰 홀의 1층 앞에 있었습니다. 홀의 양 측면에 칸막이 관람석이 있었고, 그 위로 발코니 관람석, 맨 꼭대기 좌석, 또 그 위로 천장의 중앙에는 홀을 밝히는 커다란 샹들리에가 있었습니다. 내 자리에 도착하기 전에 먼저 표를 사고, 외투를 휴대품 보관소에 맡기고, 회전형 복도를 건너, 마침내 좌석 안내원의 안내에 따라 내 자리에 도착했습니다.

필립 그리고 무대 위에는, 무엇을 보았습니까?

장 마리 무대 위에는 아무 것도 보이지 않았습니다.

필립 당신은 연극을 보지 않았습니까?

장 마리 어떤 연극 말입니까?

필립 무대의상을 입거나 입지 않은 배우들에 의해 연기되는 연극 말입니다.

장 마리 그런 것은 보지 못했는데요.

필립 무대장치만 있었을 리는 없는데.

장 마리 무대장치도 못 보았는데요.

필립 도대체 무슨 일이 일어난거지?

장 마리 누군가가 시작을 알리는 신호를 세 번 아주 세게 치자, 홀이 깜깜해 졌어요. 또 세 번, 아주 세게 쳤죠. 샹들리에가 견디지 못했어요. 그게 천정에서 내 뒤에 있던 관객들의 머리위로 떨어졌어요. 다행히도, 관람석에 불이 붙자, 그때서야 난 분명하게 볼 수 있었답니다. 아주 멋졌어요. 사방에 불길이 치솟고 시체가 널려 있었어요. 소방대원들이 도착했어요. 그들은 우리한테 샤워를 시켜주었는데 아주 재미있었지요. 난 박수를 많이 쳤어요. 다음날 아침, 극장 대신에 약간의 재만 있었답니다.

여행사

손님, 직원, 여자

손님 안녕하세요, 기차표 두 장 주세요, 하나는 내 것이고, 다른 하나는 나와 함께 여행하는 내 집사람 것입니다.

직원 좋아요, 난 당신에게 수백에 수백 장의 기차표를 팔 수 있습니다. 2등석? 일등석? 침대칸? 식당칸 두 자리를 예약해 둘까요?

손님 일등석, 예, 그리고 침대칸입니다. 깐느행, 내일 오후 급행으로.

직원 아... 깐느행이라구요? 보세요, 난 일반적으로 당신에게 당신이 원하는 대로, 어떤 목적지든지 표를 쉽게 줄 수 있었어요. 하지만, 당신이 타야할 기차와 함께 목적지와 날짜까지 정하시는 순간, 정말 복잡해집니다.

손님 그럴리가요, 선생. 프랑스에는 기차가 많습니다. 깐느행 있습니다. 내가 전에 타봤다구요.

직원 아마 20년 전, 아니면 30년 전, 당신이 젊었을 때에 탓을 겁니다. 차가 더 이상 없다 라고는 하지 않겠지만, 다만 만원입니다. 더 이상 자리가 없습니다.

손님 다음 주에 출발할 수도 있어요.

직원 매진입니다.

손님 가능한가요? 3주 후에는?

직원 매진입니다.

손님 6주 후에는요?

직원 매진입니다.

손님 그럼, 모든 사람들이 니스에만 갈려고 하는 겁니까?

직원 반드시 그런 건 아닙니다.

손님 할 수 없죠. 그럼 바욘느행으로 두 장 주세요.

직원 모두 매진입니다, 내년까지. 보시다시피, 모두가 니스에 가는 것은 아닙니다.

손님 그러면, 샤모니 행으로 두 장 주세요.

직원 모두 매진입니다, 1980년까지...

손님 …스트라스부르그…

직원 만원입니다.

손님 오를레앙, 리용, 뚤루즈, 아비뇽, 릴르…

직원 만원입니다, 만원, 만원, 앞으로 10년까지.

손님 그럼, 비행기표 두 장 주세요.

직원 어떤 비행기 어떤 자리도 더 이상 한 장도 없습니다.

손님 그렇다면, 자동차는 빌릴 수 있나요? 운전수가 있어도 되고 없어도 됩니다.

직원 도로가 혼잡하지 않도록 하기 위해, 모든 운전면허가 취소되었습니다.

손님 제발 말 두 마리를 빌려주십시오.

직원 더 이상 말이 없습니다.

손님 (자기 부인에게) 니스까지 걸어 갈까?

부인 그래요, 여보. 내가 지치면, 당신어깨에 기대고, 반대로 해도 되지.

손님 (직원에게) 니스까지 걸어서 가는 표 두 장 주세요.

직원 이 소리 들립니까? 이런, 땅이 흔들립니다. 나라 한가운데에 내해가 이제 막 만들어 졌습니다(나타나다, 떠오르다). 빨리 이 기회를 이용하세요, 다른 여행객들이 생각하기 전에 서두르세요. 당신께 니스로 가는 첫 배의 2인용 선실이 어떨까 제안합니다.

반과거와 과거완료

서술문

내가 어렸을 때, 나는 13살이었고, 침대에서 일어나, 옷을 입고, 내 방을 나와, 계단을 내려와, 길을 가서, 역에 도착하여, 기차를 타고, 시골에 갔습니다. 내 표를 검사하러 왔던 검표원에게 내가 말했습니다 : "검표하러온 검표원 아저씨, 난 그 표를 역의 창구에서 샀고, 그 표는 직원이, 내가 호주머니에서 꺼내어 그의 앞에 놓은 얼마 되지 않은 돈을 받고 나에게 기꺼이 준 것입니다 - 검표원 아저씨, 침대에서 일어나, 내가 말했습니다. 옷을 입고, 방을 나와, 계단을 내려와, 시골로 가기 위해 기차역으로 가는 길을 갔습니다. 그는 나에게 아침식사를 했느냐고 물었습니다. 나는 그렇다고 대답했고 그는 내가 그에게 보여준 표를 나에게 주었습니다."

검표원은 나를 믿고, 나에게 표를 돌려주며, 대답 했습니다: "나는 네가 역의 창구에서 이 표를 샀다는 것을 알고 있었다, 네가 여행을 하고 싶었다는 것을 알고 있었다. 내가 이 차에서 보았던 모든 여행객들, 어린이든 어른이든, 여행하기를 원했어. 그들을 관찰하고, 바라보고, 이해하곤 했지. 어떤 이들은, 타면서, 휘파람을 불기도 하고, 짐이 없는 이들은 손을 호주머니에 넣고 있거나 난간을 잡고 있기도 했지, 그리고 기차에 오르기를 성공하면, 자리를 찾기도 하고, 앉기도 하고, 창밖을 쳐다보기도 하였으며, 그들의 눈에서 빠져 나가는듯한 들판을 바라보곤 했지, 그들을 쳐다보는 암소들을 바라보기도 했어, 그런데 반과거를 사용하는 건 지겨워, 더군다나, 여기선 적절치도 않는데." 그리고 나는, 검표원이 피곤해서, 창가에 앉아서, 밖을 쳐다보다가 잠이 들어있을 때, 발끝으로 살금살금 나와서 기차가 계속 굴러 가는 동안 뛰어 내려 집 현관까지 나를 데려다 준 다른 기차를 탔다.

이 여행을 하는 동안 얼마나 재미있었는지를 생각하면 정말 즐겁다.

법정에서

토마스, 재판관, 검표원

재판관 무슨 일이 일어났는지, 말씀해 보세요.

토마스 전 잠에서 깨어나, 침대에서 일어나, 옷을 입고, 방을 나와, 계단을 내려 와서, 길을 가서, 역에 도착하여, 기차를 탔고, 자리를 찾아 앉았습니다.

검표원 한 뚱뚱한 아주머니 뒤로. 제가 그 객실에 들어간 건 바로 그 순간이었습니다.

토마스 제 주머니에서 꺼내서, 역 직원 앞에 놓은 얼마 안 되는 돈을 주고 역 창구에서 산 표를 검사하러 온 검표원 아저씨, 당신이 무서웠습니다.

재판관 왜요? 도대체 검표원이 당신한테 무었을 요구했는데요?

토마스 저에게 말 했습니다 : "아침 식사는 했습니까?" 저는 "네"라고 대답했죠. 그는 듣고서, 제 말을 믿었습니다. 저는 "네"라고 했고 그는 제 표를 돌려주었습니다.

검표원 난 왜 당신이 역 창구에서 이 표를 샀는지 알고 있습니다. 당신이 여행을 하고 싶어 했다는 걸 알고 있었지요. 일요일 기차 안에서 본 모든 여행자들은, 어른이든 아이든, 여행하기를 원했죠. 나는 그들을 관찰하고, 바라보고, 이해했습니다. 어떤 사람들은 기차에 오르면서 휘파람을 불기도 하고, 짐이 없는 다른 사람들은 주머니에 손을 넣기도 했죠. 차에 오르면 그들은 자리를 하나 찾고, 자리에 앉아서, 창밖을 쳐다보고, 웃고, 공상하기도 하고, 마시기도 합니다. 하지만 나는 반과거를 사용하는 데는 진력이 났지요, 자러갔습니다.

재판관 검표원이 잠든 사이 당신은 무엇을 하였습니까?

토마스 그가 잠자고, 꿈꾸고, 코골고, 주의를 기울이지 않는 동안, 난 발끝으로 객실을 나와, 기차에서 뛰어 내렸습니다. 집 현관까지 나를 데려다 준 다른 기차를 탔지요.

재판관 당신이 옳습니다. 검표원이 잠든 건 잘못입니다. 당신에게 기차표 값을 환불해 주도록 판결합니다.

독백

(그 이후)

내가 태어나면서부터 나는 이 세상에 존재한다. 세례를 받으면서부터 내 부모와 함께 사용하는 가족명과 함께 세례명을 가지고 있다.

나는 학교에 가면서부터, 읽는 것을 배웠고, 내게 가르쳐주면서부터, 읽고 계산할 줄 안다.

한 걸음 앞에 다른 한 걸음을 놓을 줄 알면서부터, 쉬기 위해 멈추거나, 앉아서 식사를 하거나, 아니면 다른 사람들에게 조용히 이야기를 하거나, 잠자기 위해서나, 아니면 또 다른 이유가 있는 경우를 제외하고는, 나는 걷는다.

누워있는 것과 일어나 있는 것, 그 반대 역시, 아주 다르다는 사실을 알면서부터 나는 후자와 전자를 더 이상 혼동하지 않는다.

내가 학교를 졸업하면서부터, 내가 성년이 되면서부터, 내가 결혼하면서부터, 내게 아들 하나, 딸 하나, 조카딸 하나, 먼 친척 여자가 생기면서부터, 많은 시간이 흘러갔다. 그이후로 많은 해가 흘러갔다.

늙으면서부터, 난 더 이상 젊지 않다. 늙기 전에는 난 지금보다 더욱 더 젊었다. 난 60대인데, 그건 오래된 일이 아니라, 단지 내가 60살이 되면서부터이다. 난 아직 정정한데, 왜냐하면 운동을 하면서부터 충분히 오랫동안 젊게 머물러있기 때문이다.

"~부터, 그 이후" 라는 단어를 배우고 나서부터, 나는 그걸 자주 사용한다. 난 걸어서 산책하는 것을 좋아하곤 했는데, 더 이상 그럴 수 없었다, 두 다리가 부러지면서부터, 눈과 빙판을 무서워하면서부터다. 날씨가 좋은 때조차 난 산책을 하지 않으려 하는데, 사람이 두 다리를 가지면서부터 더 이상 네다리를 갖지 않기 때문이다.

벌써 오래 전부터, 4는 2의 두 배 이므로, 사람은 네 발을 가지지 않으면서부터 두 발만을, 즉 겨우 절반인 두 개를 갖고 있다.

내 부모님들은 살아계시지 않으면서부터 돌아가셨다. 그들과 반대로, 난 살아있으면서부터 아직 죽지 않았다 : 내가 두 달 전부터 죽었다면, 생명이 없는 기간이 8주가 좀 더 될 것이다. 지금 난 즐거운 시간과 좋은 날씨를 즐긴다 ; 그러나, 비가 오면서 부터도 정말 좋은 날씨일까?

언제부터 비가 올까? 그리고 언제 비가 더 이상 오지 않을까? 그것을 결정하는 것은 기상청이 창설되었을 때부터 이다. 적어도, 그 때부터 대기상의 강우에는 질서가 있어야 한다.

어떻게 생각할까? 언제부터 생각할까? 언제부터 생각하기를 거부할까? 생각해야 한다, 왜냐하면, 존재한다는 것을 아는 것이 단지 생각하면서부터이기 때문이다. 그렇지만, 로봇들이 생각하면서부터 이러한 단언은 의문의 대상이 되었다 ; 로봇을 발명한 이래, 사람들은 생각이 유일하게 사람만의 특징이 아니라는 것을 깨닫는다.

그렇지만, 로봇은 감정이 없고 사람들과 생명체들은 감정을 가지고 있다는 것을 깨닫게 된 이후로, 바로 그 점에서 사람과 생명체가 로봇과 다르다는 것을 알게 된다.

그러면, 당신은, 언제부터 냄새를 맡는가? 오래전부터, 안 그런가? 난, 태어나면서부터 냄새를 맡는다. 그리고 오데콜론으로 씻으면서부터는 좋은 냄새를 느낀다.

어제 부터는 아니다. 내일 부터도 할 수 없다, 왜냐하면 부터는 과거이기 때문이다.

"어디에서 오십니까, 선생님? 어떻게 이 도시에 오셨습니까?

– 기차로요.

– 객실에는 혼자였습니까?

– 돼지 한 마리와 고양이 한 마리가 같이 있었습니다. 나는 종점부터 쭉 타고 왔지요. 돼지는 입실란티에서 내렸고 칼라마쥬부터는 고양이와 함께 있었습니다. 고양이는 살아있었습니다, 냄새를 맡았거든요. 시카고에서부터 야옹거렸답니다. 돼지도 살아 있었는데, 하지만 냄새가 썩 좋지 않고 냄새 맡는 것도 잘 못하더군요."

아이들의 놀이

장, 쟌느

장 너 모래에 쭈그리고 앉아서 뭘 하니?

쟌느 작은 파이 세 개를 만들어. 향료 빵과 바꿀 거다.

장 향료 빵, 그걸 먹을 거니?

쟌느 아니, 그걸 가지고 네 마리의 작은 금붕어를 만들고, 작은 새가 될 수 있도록 날개를 붙일 거야.

장 그 두 마리 작은 새는 날까? 아니면 헤엄칠까?

쟌느 이러지 않으면 저러겠지, 혹은 둘 다. 말하자면, 하늘이 푸르면 헤엄 칠 것이고, 강물이 탁하면 날 거야 ; 동시에 헤엄치고 날지 않는 한 말이지.

장 그들이 한꺼번에 두 가지 일을 할 수 있을까?

쟌느 절대 안 돼. 나폴레옹만이 두 가지나 여러 가지 일을 한꺼번에 할 수 있었어.

장 나폴레옹은 새였니? 물고기였니?

쟌느 아냐.

장 그렇다면, 어떻게 그가 날든지 헤엄치든지 두 가지 동작을, 이것 아니면 저것을 하든지 둘 다 할 수 있지?

쟌느 그게 바로 내가 묻고 싶은 거야. 어쨌든, 역사가들은 우리에게 그가 날지도 헤엄치지도 않았다고 말해. 하지만, 나폴레옹은 수많은 일들을 동시에 했어. 그는 성질이 급했어, 언제나 화가 난 상태였으니까. 그는 한 걸음에 70리를 걸을 수 있는 장화를 신었어. 그는 1936년에 전쟁을 했지. 자기 수입을 늘렸지. 그는 러시아의 짜르황제를 알렉산드르 3세 다리에서 만났어. 그는 자신의 타자기를 가지고 한꺼번에 12장의 편지를 쓰기도 했지.

장 그런데 나폴레옹이 누구였지?

쟌느 나폴레옹은 농부의 아들이었어. 그의 예절바름과 훌륭한 품행, 멋진 유머, 좋은 건강 덕분에 루이 18세 대신 프랑스의 왕으로 임명되었지.

격 언

(좋은, 더 좋은, 더 많은, 더 적은, 더 나쁜, 등)

소리1 좋은 것은 더 나쁜 것보다 더 좋다. 더 나쁜 것은 좋은 것보다 덜 좋다.

합창 (소리 2인) 가장 적게 좋음은 더 나쁜 것만큼 나쁘다.

소리1 겨울에는 여름에 비해 낮이 짧다. 살아 있는 사람은 죽은 사람보다 말을 훨씬 더 많이 하며, 또 더 많이 움직인다. 그러나 걷기를 거부하면 죽은 사람보다 더 움직이지 않는다. 그렇지만, 더 많은 생명을 가지고 있다, 왜냐하면 죽은 사람은 생명이 전혀 없기 때문이다.

소리4 살아있는 사람이 죽은 사람보다 더 생기 있는 것은 사실이다. 그러나 덜 생기 있는 살아있는 사람보다 더 생기 있는 다른 살아있는 사람이 있다.

합창 (소리 2인) 죽은 사람들 중에 다른 죽은 사람들보다 더 죽은 사람들이 있는가? 살아 있는 사람 중에 다른 살아 있는 사람들보다 덜 활발한 사람들이 있는가?

소리1 가장 활기 있게 사는 살아있는 사람은 가장 덜 죽은 사람들이다 : 예를 들면, 시인들이다, 그들이 대부분의 사람들보다 더 많은 영감을 갖고 있기 때문인데, 그렇다고 그것 때문에 대부분의 사람들이 더 나쁘다고는 말할 수 없다.

소리3 살아있는 사람들은 겨울이 여름에 비해 덜 덥다는 것, 가을에는 여름보다 비가 많이 온다는 것, 이번 봄은 지난 봄 보다 날씨가 더 좋다는 것, 하늘이 더 맑다는 것, 즉, 구름이 더 적다는 것을 깨닫는다.

합창 일반적으로 겨울이나 가을보다는 훨씬 더 봄이나 여름에, 남자, 여자, 어린이, 기러기, 꽃, 하늘, 태양, 비가 더 많이 사랑에 빠진다.

소리1 그것은 날씨가 좋은 날이 더 많아서 덜 바쁘기 때문이야.

소리2 그들은 일을 더 적게 한다.

합창 우리가 일을 할 때, 우리는 생기가 있기 보다는 죽어있다. (사람은 일을 할 때 생기가 있기 보다는 죽어 있다.)

소리3 틀렸어. 죽은 사람들은 일하지 않아, 그리고 그들은 우리보다 덜 살아 있고 덜 생기 있어.

소리1 당신이 뭘 알아? 당신은 우리보다 잘 모르잖아.

만약

장 마리, 마리 잔느, 딕

장 마리 만약 내가 저기에 없다면, 또 다른 곳에 있지 않는 한, 나는 여기에 있을 거다. 내가 만약 출석한다면, 그건 결석하지 않는다는 것이다. 반대로, 내가 결석하지 않는다면 필시 내가 출석하기 때문이다. 만약 내가 너한테 이 편지를 쓰지 않았더라면, 만약 내가 그것을 너에게 보내지 않았더라면, 만약 네가 그것을 개봉하지 않았더라면, 네가 읽는 것을 배우지 않았더라면, 너는 그 내용을 알 수 없었을 거다. 만약 내가 소년(소녀)이 아니라면, 나는 노처녀, 노총각, 황소, 밤나무, 극장의 연극, 동상이 될 수 있을 거다. 만약 내가 이 모든 것이 아니라면, 또 다른 무엇이 되거나, 아니면 아무것도 아닐 수 있을 것이다.

내가 존재한다면, 생각할 것이다, 그러나 무엇을? 내가 생각한다면, 나는 존재할 것이다, 그러나 누가? 만약 내가 집을 안에서부터 허물었다면, 집이 내 머리위로 무너졌을 것이고 나는 더 이상 나라고 생각했던 것이 아닐 것이며, 내가 생각해 왔던 모든 것들을 더 이상 생각하지 않게 될 것이다.

마리 쟌느 만약 내가 다른 무엇이 아니라면, 난 나 자신이 될 것이다. 만약 내가 세 개의 다리, 네 개의 팔, 두 개의 머리를 가지지 않았다면, 난 모든 사람들처럼 존재하지는 않았을 것이다. 내가 만약 정상이라면, 그것은 내가 다른 사람들과 같지 않기 때문이다.

딕 친애하는 이오네스코 씨, 만약 당신이 멍청한 것들을 말하게 하지 않는다면, 당신은 미국학생들이 좀 더 쉽게 배울 수 있는 것들을 쓸 텐데요. 만약 그들이 당신이 베나무씨와 공동으로 준비하고 있는 불어 교과서를 가지기를 원한다면 말입니다. 만약 그가 좀 더 지각이 있는 사람이었다면, 당신에게 그가 통사론적으로 그리고 형태론적으로 해설해야만 하는 대사를 쓰도록 요청하지는 않았을 것입니다, 가능하다면, 가능하겠지만, 그런 일이 맘에 든다면, 그가 이미 이런 종류의 작업들을 해 왔다면 말입니다.

백 살 노인, 그리고 몇 개의 접속법과 가정법들

신문기자, 시장, 백 살 노인

신문기자 안녕하세요, 시장님, 저는 신문기자입니다. 저는 당신이 관할하는 시의 가장 오래 된 주민이며, 이제 막 100세가 되신 것을 사람들이 축하하는, 죠세프 씨를 방문하고 두세 가지 질문을 드리고자 하는 것을 허락해 주실 건지 알고 싶습니다. 제가 그를 보러 가는 것에 동의해주신다면 매우 고맙겠습니다.

시장 내가 만약 당신이 그를 보러 가는 것을 금지한다면, 난 그것을 후회할 것입니다. 그러니, 가 보십시오, 비록 그가 당신을 만날 수 있을지는 모르겠지만.

신문기자 제게 그것을 못하게 하다니요?

시장 단지, 걱정이 되어서 그럽니다, 누군가가 당신을 방해할까봐서가 아니라, 다만 그가 그 전에 돌아가실까봐 걱정이 되어서요.

신문기자 제가 15분 후에, 그 집에 도착할 때, 그가 아직 살아 있었으면 합니다. 15분, 그 나이에, 삶에서 죽음으로 넘어가는데 더 이상은 필요하지 않죠.

시장 바로 그것 때문에 서두르는 것이 좋겠다는 겁니다.

(백 살 노인의 집)

신문기자 안녕하세요, 죠세프씨. 저는 신문기자입니다. 100회 째 생신을 축하드립니다.

백살노인 좀 더 크게 말하시오. 당신이 오는 것을 보면서 난 당신이 누구인지 안 것 같소.

신문기자 여기서, '면서'는 대명사가 아닙니다.

백살노인 당신은 내가 그걸 전혀 모른다고 생각하오?

신문기자 제가 그걸 모르는 것이 가능하리라고 생각하셨던 겁니까?

백살노인 당신 질문에 답해 주지요. 난 결코 술을 마시고 싶어 하지 않았기 때문에 오래 살 수 있었소 ; 하지만, 부언하자면, 내가 마셨더라도 덜 잘 살지는 않았을 거라는 거지. 난 고기를 많지 먹지 않았지만, 먹었다하더라도 덜 살지는 않았을 것이요. 나는 결코 화를 내는 법이 없었지, 단지 내가 냉정을 잃었을 때와 벽에 머리를 부딪쳐서 머리가 깨진 것 이상으로 벽이 무너지지 않았을 때를 제외하고는. 난 내가 말하는 것을 들으면서 휴식했고, 새벽에 일어났고 일어나기를 계속했어, 일주일에 대 여섯 번, 정오에 일어나거나 새벽에, 일어나는 것이 아니라 잠드는 때를 빼고는 매일같이. 내가 만약 그렇게 오래 살았고 또 당신, 당신과 당신 신문의 모든 기자들을 땅에 묻을 만큼 충분히 더 오래 살기를 원한다면, 그것은 내 친구들에게 나쁜 조언들을 아낌없이 주었음에도 불구하고, 난 언제나 사람들이 내게 준 좋은 조언을 따르는 것을 두려워해 왔기 때문이라고 생각한다는 것을 말해야 겠소. 만약 내가 반대로 했었다면, 나는 십 수 년 전에 무덤으로 들어갔을 것이오. 나는 나와 유사한 사람들에게 잘못을 저지르지 않으려는 일에 지치지 않았소, 반면에, 그들에게 도움이 되는 일도 결코 하지 않았지요. 그들은 필요로 하지 않죠. 난 싫증이 나면, 서서 잠을 자고는 했지요. 어쨌든, 난 이 사회에, 정확하게는 내가 살고 있는 도시에 50년 전부터 나를 부양하는 가능성을 줌으로써 아주 쓸모가 있었지요. 왜냐하면, 전에, 난 일도 하지 않았는데, 나태해서가 아니라 건강관리 때문이었지요. 가지 마시오, 기자

선생. 지금부터 100년 후에 오세요. 내 2백 살 기념으로, 내 건강을 위해 한잔 마십시다, 당신이 아직 살아 있다면. 당신이 살아 있을까요? 사람들은 내가 결코 그러지 못할 거라고 내기를 걸자고 할 겁니다. 어쨌든, 지금부터 그때 까지 우리에겐 아주 많은 시간이 있습니다. 당신을 보기 전에는, 오히려 나는 당신이 지금부터 그 때 까지 살아있지 않기를 원했을 것이오. 당신을 본 이후 지금은 전보다 더 많이 그러기를 원합니다.

예절수업

신사, 숙녀, 운전수1, 운전수2, 행인, 순경

신사 아, 부인, 지나가면서 당신께 부딪쳤다면, 죄송합니다, 진심으로 사과드립니다. 고의로 그런 것은 아닙니다. 잘못은 혼잡 때문입니다. 다치셨습니까?

숙녀 전혀 아닙니다, 선생님, 이건 아무 것도 아닙니다, 미안해하지 마세요. 그리고 죄송하다고 하지 마세요, 제 팔꿈치를 정말 약간 스친 것 뿐 입니다.

운전수1 (운전수2에게) 이봐, 자, 너 운전할 줄 몰라? 멍청한 놈(강낭콩, 아스파라거스) 내차에 충돌할 뻰 했잖아 (네 소형차를 갖고).

운전수2 (운전사1에게) 왜 나한테 반말하세요, 아저씨? 난 당신을 모릅니다. 넌 왼쪽에서 오고, 난 오른쪽에서 오잖아. 지나 갈 사람은 나라구 . 여긴 영국이 아니야 (영국 사람들 사는 데가 아니야). 넌 도로교통법을 모르는 거야. 게다가 시비까지. 도로교통법조차 모르는 게 시비를 걸다니. 네 운전면허증은 도대체 어디 있냐 (있기는 하냐)? 운전면허 복주머니에서 주웠지 (운전면허 엉터리로 땄지)?

운전수1 그런 넌, 오물 쓰레기통에서? 골목 술집에서? 무 샐러드 속에서? 곰팡이 속에서? 네가 외바퀴 손수레 미는 허가증을 네 할아버지한테서 물러 받은 것 다 안다. 난 만지기도 싫다, 네 차 (고물차, 사륜마차).

운전수2 아니, 그런데 그럴 뻔 했잖아, 얼간아 (흐리멍텅한 인간아).

운전수1 멍청이(더러운 인간, 백치, 얼린 당근, 등).

신사 (숙녀에게) 오 부인, 부인, 창백해지시는데요. 제가 당신을 다치게 했습니다. 솔직히 말해 주세요. 아, 전 용서할 수 없는 사람입니다, 부인, 부인.

숙녀 괜찮아요, 괜찮다구요, 전 가끔 이유 없이 창백해질 때가 있어요.

신사: 부인, 오, 부인, 당신 발을 아프게 했군요, 당신 발가락을 으스러뜨렸습니다.

숙녀 아뇨, 아저씨, 대체 뭘 상상하세요? 다른 생각을 하다가 (부주의해서) 제 스스로 부스러뜨린 거라구요.

신사 부인, 부인, 제 지팡이로 당신 눈을 찌르고 말았군요. 죄송합니다, 제가 어설픈 사람입니다.

숙녀 전혀 아닙니다, 아저씨, 이건 제 우산입니다.

운전수1 (운전사2에게) 네 면상(얼굴, 아가리)을 부셔버릴 거다. 네 버릇을 고쳐 주지 (귀싸대기를 때리겠어).

운전수1 (운전사2에게) 너한테 사는 방법을 알게 해 주지.

행인 사람 살려, 경찰 아저씨, 서로 죽이려 해요.

신사 (숙녀에게) 오, 부인, 당신 눈이 터졌어요. 오, 부인, 제가 정말 당신을 다치게 했군요... 오, 부인, 기절하시는군요!

숙녀 전혀 아닙니다, 꿈꾸는 겁니다, 그런 척 하는 겁니다.

신사 맙소사, 그녀가 기절했어. 내 팔에 쓰러지네 (기절했네). (행인들에게) 그녀를 부축하도록 도와주시고 앰블란스를 부릅시다.

행인 저 두 운전사가 싸우는 것을 말리세요, 서로 죽이겠어요.

경찰 (행인에게) 당신 일이나 하세요, 안 그러면 체포하겠습니다.

미래

"안녕하세요, 선생님.

– 안녕하세요, 아가씨, 뭘 원하십니까?

– 얼굴을 하나 사고 싶은데요, 꼭 필요한 부속품들도 함께요.

– 언제쯤 필요한가요?

– 내일이면 좋겠네요.

– 좀 촉박하군요. 최선을 다하겠습니다. 코를 원하세요?

– 그걸로 뭘 하나요? 어디다 쓰지요?

– 코푸는 데 쓸 수 있습니다.

– 그럼, 코가 없이는 코를 못 풀겠네요? 그럼, 두 개 준비해 주세요, 하나는 들창코로, 다른 하나는 계단이 있는 나선형으로 준비해 주세요.

– 눈도 준비해 드리겠습니다.

– 얼마죠? 나한테 그게 정말 필요하다고 생각하세요? 어디에 사용할 수 있죠? 많이 비싼가요?

– 그것보다 더 비싼 것은 없습니다. 당신에겐 적어도 두 개가 필요할 것 같군요. 깜빡거리는데, 말하자면, 한 쪽이 웃음 짓는 동안 다른 하나는 감는 동작에 필요하지요.

– 내가 그런 것을 할 수 있을까요? 실수하지는 않을까요? 한 쪽 눈과 다른 쪽 눈을 혼동하거나 반대로 하

지는 않을까요? 한 개의 눈으로 만족할게요, 그러면 다른 하나와 혼동하지 않을 겁니다.

- 만약 그중 하나를 잃어버리면, 하나도 남지 않을 겁니다. 당신에게 내일 어쨌든 두 개를 준비해 드릴게요. 그걸 코의 양쪽에 놓겠습니다, 아니, 오히려, 두 개의 코가 당신의 눈을 둘러싸게 될 것입니다.
- 그렇게 하면 내가 예쁠까요?
- 아주 예쁠 겁니다. 그러나 또 입이 있어야합니다.
- 입 말입니까? 그건 뭐하는 데 쓸모가 있는데요?
- 어디에 쓰실 건지 아신다면, 유용할 겁니다. 배우게 될 겁니다. 입으로는 말을 하고, 키스하고, 숨 쉬고, 먹고, 씹고, 동의하고, 이빨을 까고, 쓰고, 구멍들을 막습니다.
- 그 모든 걸 내가 할 수 있을까요? 먹는 입, 키스하는 입, 씹는 입, 승낙하는 입, 구멍을 막는 입의 기능을 다 알기까지는 내게 많은 시간이 필요할 겁니다.
- 그것들을 어디다 둘 까요? 얼굴위에는 자리가 없을 것 같군요.
- 내 얼굴이 그렇게 작을 건가요?
- 예, 아가씨, 당신에겐 입이 하나만 있으면 됩니다, 왜냐하면, 당신이 가질 입은 좋은 것이니까요. 입이 하나 더 필요하시면, 정육점에 가서 찾으세요.
- 언제, 그 얼굴을 가지게 되나요, 결혼은 할 수 있을까요?

– 아직은 안 됩니다. 단순한 것이든 이중으로 된 것이든, 턱, 그리고 이마와, 잠자는 데 필요한 귀 두 개, 당신 남편에게 거짓말하기 위해 필요한 턱도 있어야 합니다."

시장

마리 쟌느, 토마스, 빵집주인, 정육점 주인, 돼지고기 장수, 약사, 멜론

마리 쟌느 마침내, 도착했네. 내가 얼마나 초초 했었는데. 왜 이렇게 시장에서 늦게 왔어, 어디를 돌아다니다가 온 거니?

토마스 돌아다닌 건 아냐. 자, 이렇게 된 거라구. 빵가게에 가서 주인한테 말했지 : "안녕하세요, 빵집 아저씨, 새끼양 갈비 세 개, 등심 하나, 기름튀긴 송아지 고기, 삶은 쇠고기 한 조각 주셨으면 하는데요."

빵가게 주인 착각하셨습니다, 아저씨(아주머니) 고기는 빵집에서 파는 게 아니라, 정육점에서 팝니다. 이 길 끝에 있죠. 지하철로 갈 수 있어요.

토마스 아뇨, 저는 걷는 걸 더 좋아해요. 안녕하세요, 정육점 아저씨, 44파운드의 햄과 32파운드의 훈제 비계를 사고 싶습니다.

정육점 주인 그건 안팝니다. 돼지고기는 돼지고기 정육점에서 팔아요.

토마스 안녕하세요, 돼지고기 정육점 아저씨, 설탕 1킬로그램, 소금 3그램, 향료빵을 살 수 있을까요?

돼지고기 정육점 주인 아저씨, 내가 틀리지 않는다면, 잘못 가르쳐 준 것 같네요. 그 식료품들은 식료품점에 있습니다.

토마스 안녕하세요, 식료품 가게 주인님, 아스피린 정 있으세요?

약사 예, 있습니다.

토마스 이럴 수가! 놀랍군요.

약사 아주 정상입니다, 나는 식료품점 주인이 아니라 약사입니다.

토마스 그러면, 선생님, 어디에서 멜론을 사고 파는지 가르쳐 주실 수 있습니까?

약사 멜론은 모자 상점에서 사고 팔지요.

멜론 주의하세요! 내가 가죽이나 펠트 아니면 밀짚으로 되어 있을 때, 모자상점에서 팔아요. 내가 야채일 때에는 과일상점에서 살 수 있다구요.

토마스 당신을 어떻게 먹죠?

멜론 설탕과 함께 먹습니다.

빵집

여자 빵집 주인, 남자 손님, 여자 손님

(여자 손님이 들어온다. 남자 손님이 계산대에 팔꿈치를 괴고 빵집 여주인과 의논하고 있다)

여자 손님 안녕하세요, 아주머니, 제발 바싹하게 잘 구워진 바게트 하나 주세요.

남자 손님 (빵집 여주인에게) 이보세요, 아주머니, 모두가 수영하는 거 배워야 한다구요. 다섯 살짜리 남자 아이도 수업 다섯 번 받으면 수영 배울 수 있어요. 확실히, 멀리는 못가죠, 물론, 아직 충분히 알지는 못해요 ; 게다가, 힘이 충분히 없죠, 그리고 잘 아시겠지만, 어린애들은 몇 가지 희귀한 경우를 빼고는 어른과 같은 힘이 없어요. 예를 들면, 아기 헤라클레스는 요람 속에서 자기를 죽이러 온 뱀을 죽였지요. 그가 배꼽 때문에 힘을 잃은 것은 훨씬 후에 어른이 되었을 때죠. 삼손도 역시 머리털을 잘랐기 때문이죠.

빵집 여주인 내 조카는 백 킬로짜리 밀가루 포대를 들

수 있어요. 그는 다섯 살이 아니라 스물다섯입니다. 아니 스물 네 살이죠. 뿐만 아니라, 모든 다섯 살짜리 어린애들과 마찬가지로 수영을 할 수 있어요.

남자 손님 바보라도 수영을 배울 수는 있습니다. 적어도, 풍랑에도 불구하고 물위에 떠있기 위해서는 배영을 할 수 있어야 해요.

빵집 여주인 배영을 할 수 있든 못하든 간에, 상어가 삼키면 아무래도 물위에 떠있을 수는 없습니다.

남자 손님 아, 그거라면, 아십니까, 그건 예측할 수 없습니다. 운전을 할 줄 아는데도 불구하고 얼마나 많은 자동차 운전자들이 사고를 냅니까!

여자 손님 죄송합니다, 아주머니, 잘 구운 바게트 빵, 아니면 낱개로 된 빵, 호밀 빵, 흑빵, 부드러운 껍질 없는 빵에, 쵸콜렛 빵 주실 수 있습니까?

빵집 여주인 익사하는 자동차 운전자도 있어요. 차를 타고 강 속으로 들어가지요, 물론 고의로 그러는 건 아니고 운전 잘못이지요 ; 누가 일부러 그러겠습니까? 어쨌든 그런 일이 일어나지요.

남자 손님 간단히 말하자면, 모든 사람들이 수영을 배워야 합니다. 난 수영코치입니다.

여자 손님 (빵집 여주인에게) 커피향 과자 둘, 전병 하나, 향료 빵, 뜨거운 크루와쌍 셋, 사과파이 두 개. 아니, 이런 건 아니고요, 전 단지 비엔나식 바게트 하나, 작은 우유 빵 하나 그리고 배가 나온 제 남편을 위해 소금 없는 비스켓을 주세요. 갓 구운 빵이 좋겠어요, 아니, 눅눅한 게 더 좋겠어요.

남자 손님 노인들도 수영을 배울 수 있고 배워야 합니다. 너무 늦게 잠을 깨는 사람들이 있어요. 그들은 익사하는 순간 수영을 배우기를 원하죠.

빵집 여주인 시간이 없다는 걸 그 순간에 깨닫지 못하나요?

여자 손님 아니, 제발, 너무 굽지 않고 설 익혀서 거의 생 것 같은 깡파뉴 빵 하나 주세요. 집에서 구울 겁니다.

남자 손님 (여자 손님에게) 보세요, 아주머니, 이야기를 마치도록 해 주세요, 5분 정도는 있잖아요, 줄을 서세요. 오래 전부터 난 여기 당신 앞에 있었다구요. 이야기를 할 수가 없네. 당신은 빵 가지고 우리를 귀찮게 하고 있어요.

빵집 여주인 더욱이, 그녀는 그녀가 원하는 게 뭔지도 몰라요. 입을 벌릴 때마다 - 자주 벌리죠 - 또 다른 걸 주문해요.

여자 손님 난 바쁩니다, 아주머니.

남자 손님 나도 그래요.

빵집 여주인 나도 그래요. 모두.

여자 손님 아주머니, 당신은 손님들에게 불친절하시네요.

빵집 여주인 어쨌든 누구나 잡담(약간의 이야기)할 권리는 있어요. 나에게 그걸 금지하지 마세요. 우린 공화국에 살고 있다구요.

여자 손님 당신은 전혀 친절하지 않네요. 맞은편 빵집에 가서 빵을 사러 가겠어요.

(나간다)

빵집 여주인 저 여자한테 빵 팔지 말라고 전화해야겠어요.

남자 손님 잘 하시는 겁니다.

의원

마리 쟌느, 의사

마리 쟌느 안녕하세요, 의사 선생님.

의사 안녕, 아가씨. 어디가 불편하십니까?

마리 쟌느 없어요. 저는 낙천주의자거든요. 기자이기도 합니다. 앙케이트 조사하러 왔답니다. 우리 신문사에서 당신이 어떤 병을 가장 자주 치료하시는지 제게 알아오라고 해서요, 이건 통계를 위한 거랍니다.

의사 아주 다양하지요. 제게 오는 많은 환자들 중에는 심장이 두꺼운 사람도 있고, 배가 비어 있는 사람, 다리가 목에 붙어 있는 사람도 있습니다. 감정을 터뜨리거나 폭발시키는 사람, 포복절도하는 사람도 있지요. 넷으로 접히는 사람도 있고요. 또 누군가가 발을 부러뜨린 사람들, 허파에 바람 든 사람들도 있습니다. 어떤 이는 심장이 없어요 ; 의기소침하죠. 피가 한 바퀴 밖에 돌지 않는 사람도 있습니다 ; 겨자가 코까지 올라가 화가 치밀었거나, 사람들이 외면했기 때문이죠. 다수의 사람들은 격노하거나, 비관적으로 생각합니다. 어떤 사람들은 안절부절 못하거나 신경이 몹시 날카로워요. 입이 마른 사람도 많고... 아니면, 머리털에 병이 있는 사람도 있어요 ; 세밀하게 나누어야 합니다. 모든 걸 억지 부리는 편집광들이 있어요. 많은 사람들은 마음에 상처가 없을 때 몹시 지쳐 있습니다. 또 다른 사람들은 부패하거나 타락했어요. 전 기진맥진한 사람을 위해서는 아무 것도 할 수가 없습니다. 뻔뻔한 사람들도 있어요, 건드릴 수 없는 사람들은 제쳐놓더라도. 왼발로 일어나는 눈뜨자 말자 짜증부터 내는 사람, 영국식 발, 접시에 담긴 발, 코 발 ; 이런 사람들은 다시 원상회복하여야 건강하게 새 출발 할 수 있습니다. 내 환자들 중에는 코가 있는 선견지명이 있는 사람도 있고 없는 사람도 있습니다. 손에 털이 난 아주 게으른 사람을 치료하거나, 머리 뒤로 은밀한 속셈을 갖고 있는 사람이나 잃어버린 사람, 구멍을 두고도 못 보는 사람들이 있습니다. 미친 웃음을 웃는 정신병자도 있고, 장화를 핥는 비굴하게 아첨하는 악당들, 물먹는 사람, 죽지도 않았는데 걱정으로 초초해 하는 사람들이 있습니다. 눈에 추위를 타는 기죽은 사람, 정렬에 의해 소진되는 모험주의자들 말고도, 완전히 불과 화염인 정열을 불사르는 사람들이 있습니다. 난 다 받아 줍니다,

괴물들, 교활한 배신자들, 억지 눈물을 흘리는 사람들 또는 바보, 얼음 심장, 돌 심장, 눈이 배보다 더 큰, 능력보다 야심이 큰 사람, 관대한 사람, 독설가...

마리 잔느 혹시 수의사이기도 하십니까?

의사 아주 약간은. 당나귀나 낙타는 고칠 수 없죠. 그래도, 오페라극장의 작은 쥐들과 흰 거위들은 치료합니다.

마리 잔느 통풍 환자도 치료합니까?

의사 그건 그들 잘못이죠: 그들은 매일 아침, 술을 마십니다. 난 그들에게 몇 모금 주지요.

마리 잔느 그럼 전혀 보이지 않는 사람은요?

의사 난 그들에게 수혈을 하죠. 왜냐하면, 그들은 정맥 속에 피가 한 방울도 없기 때문이죠; 난 그들에게 차가운 피, 더운 피를 상황에 따라서 줍니다.

마리 잔느 그런데, 피 기증자가 없으면요?

의사 그들에게 빈혈을 줍니다.

마리 잔느 수혈이 환자들한테 비싸겠죠?

의사 턱없이 비싸지요.

동물병원

"안녕하세요, 의사 선생님, 개가 아파요.

– 오, 불쌍한 동물, 언제부터 아프죠?

– 아프다기보다는 다쳤어요. 제가 창문 밖으로 던졌을 때부터인데, 갈비뼈 한 쪽에 타박상을 입었고, 다리 한 쪽과 함께 갈비뼈 두개가 부러졌어요.

– 떨어지면서 다칠거라는 생각은 안 하셨나요?

– 전혀 생각지 못했어요. 전 옛날부터 개도 고양이처럼 유연해서, 제 개가 조금도 상처받지 않고 땅을 딛고 떨어질 것이라고 믿었거든요. 다칠 걸 알았더라면, 창문으로 던지기 전에 심사숙고했을 겁니다. 마당에 서커스에서 기계체조하는 사람들이 쓰는 것 같은 그물을 설치했을 텐데요. 그렇게 해놓으면, 메도르가 떨어지면서 다치지는 않았을 겁니다.

– 아무 것도 설치하지도 말고, 개를 창문으로 던지지도 않았더라면 더 좋았을 겁니다. 정말 나쁜 생각을 했었군요.

– 시인합니다, 의사선생님, 제가 알았더라면... 너무 늦은 것은 아닌지 두렵습니다. 선생님께서 제 개를 고칠 수만 있다면... 제 개의 갈비뼈를 어떻게 좀 해 주실 수 있겠습니까?

– 두 개는 낫게 할 수 있겠고, 하나는 그럭저럭 다시 고치고, 세 개는 교체할 수 있으리라 생각하며, 나머지 것들에 대해서는 최선을 다해 보겠습니다.

– 제게 큰 기쁨이 되겠습니다, 비록 제 지갑이 좀 줄어들긴 하겠지만, 제 마음의 짐을 덜 수는 있겠습니다. 불쌍하게 된 그 발은 고칠 수 있겠습니까? (완전한 상태로 다시 만들 수 있겠습니까?)

– 보증한다고 한다면, 거짓말이겠죠. 그러나, 세 개의 다리가 남아 있고, 목발이 하나 추가로 있으니, 필요한 것 이상으로 가지게 되는 거죠.

– 의사선생님, 제발 최선을 다해 주세요.

– 한 달 후에 다시 오십시오.

IN, UN, AN, ON 그리고 칠면조

장, 가스똥

장 일요일부터, 가금 사육장 안에서, 지난 월요일 네 아주머니와 네가 나한테 준 그 흰 수컷 칠면조가 아론 아저씨의 아들인 내 사촌의 암컷 칠면조 주위를 맴돌고 있어.

가스똥 너의 사촌인 나, 가스똥이, 네가 무척 좋아하는 앙젤 숙모의 남편 아론 아저씨의 아들인 너의 또 다른 사촌이 준 흰 암컷 칠면조를, 가금사육장에서 따라 다닌다고 네가 알려준, 그 수컷 칠면조를, 네게 준 것은 월요일이 아니고 목요일이었어.

장 가스똥, 알겠냐?, 모르겠냐? 이 대화가 바보같은 표정으로 an, on, in(앙, 옹, 엥) 소리를 발음하는 것을 배우기 위해서라는 걸?

가스똥 장 너 말이 맞아. 그러니까 우린 잠자코 있을게. 언제 우리 다시 보지?

장 가까운 월요일 중 어느 날. (엉 드 세 렝디)

파리의 레스토랑

토마스, 종업원

토마스 여보세요.

종업원 예, 선생님, 뭘 원하십니까?

토마스 뭘 먹고 싶은데요.

종업원 점심식사입니까 아니면 저녁식사?

토마스 잠시만요. 시간을 볼게요. 1시. 말하자면, 13시군요. 그럼, 점심을 먹겠습니다.

종업원 전 당신이 식사를 하러 오신 거라고 짐작했습니다. 머리카락을 둘, 셋, 혹은 넷으로 자르시러 오신 건 아니지요. 물론, 머리를 감으러 오신 것도 아니고요. 고해하러 오신 것도, 마취 없이 사랑니를 빼러 오신 것도 아니지요.

토마스 내 사랑니는 아직 나지도 않았습니다.

종업원 … 젊은이들이 하는 일광욕을 하러 오신 것도 아니고, 정신분석치료를 받으러 오신 것도, 대학입학 예비시험을 보기 위해 온 것도 아니고….

토마스 난 이미 대학입학 예비시험을 통과했습니다.

종업원 … 가르치려는 것도 아니고, 물질, 반물질, 원자, 양자, 중성자, 전자 그리고 우주 광선속에서 볼 수 있는 중간자(메종)와 같은 다른 입자들이 무엇인지 배우러 온 것도 아니고…

토마스 난 오직 나 혼자만을 위해 집(매종)을 가지지는 않습니다, 아파트의 방 한 개만 세 주었지요.

종업원 내 분명, 이 대화의 작자는 이 형편없고, 경박스럽고, 고약한 단어놀이를 하려한다고 확신하고 있었어요… 당신이 여기 온 것도 당신이 루브르 미술관이나 현대미술관에서 본 그림들을 우리에게 묘사하기위해서가 아닙니다. 거드름피우거나 예언자처럼 이야기 하거나 예언하기 위해 온 것도 아닙니다.

토마스 난 아직 루브르 박물관에 가보지 않았습니다. 현대 미술관에도 역시 가지 않았구요. 틀림없이 조만간 언젠가는 가볼 겁니다, 왜냐하면, 내가 파리에 온 것은 그것 때문이니까요. 난 미국인이고, 미국 학생입니다. 내가 미국에 온 것은 정확하고 논리적이라고들 하는 불어를 배우기 위해서입니다.

종업원 선생님, 난 허비할 시간이 없습니다. 다른 사람들의 접시를 들여다보시려고 오신 것은 아니겠지요? 그러시다면, 난 당신이 테이블에서 일어나서 식당을 나가주시기를 바랄 수밖에 없습니다. 문 쪽에 줄 서있는 것을 보세요.

토마스 그렇지만, 당신에게 말한 대로 난 여기 점심 먹으러 왔습니다.

종업원 뭘 드시겠어요?

토마스 저… 그걸 모르겠네요.

종업원 메뉴판 여기 있습니다. 참고하세요.

토마스 모르겠습니다, 고딕글자로 쓰여 있어요.

종업원 죄송합니다. 이 메뉴판은 중세나 중년의 독일 관광객들을 위한 것입니다. 여기 라틴 글자로 된 다른 메뉴판이 있습니다.

토마스 감사합니다, 그런데, 테이블 식기 세트를 갖다 놓지 않았군요.

종업원 그런데, 그건 뭐죠?

토마스 이건 포크네요. 내가 못 봤습니다. 미안합니다. 난 근시입니다. 그러나 포크 하나가 테이블 세

트가 되는 건 아니죠.

종업원 그러면, 저것, 당신 접시 오른쪽에는요?

토마스 아, 네, 칼입니다. 내가 못 보았군요. 미안합니다, 저는 근시입니다. 그러나 그게 테이블세트를 이루는 건 아니죠.

종업원 저것, 칼 옆에 있는 건 뭐죠?

토마스 아, 네, 이건 스푼입니다. 보지 못했군요. 미안합니다, 내가 근시입니다. 내 접시 앞에 작은 투명한 그릇이 있네요. 내 생각으론 유리컵 같은데.

종업원 그러니까, 그렇게 근시는 아니군요. 소금통과 후추통도 있습니다. 후추는 소금통에 있고, 소금은 후추통에 있습니다. 이 식당의 관습입니다.

토마스 중요하지 않습니다. 양념을 반대로 칠겁니다.

종업원 냅킨 원하세요?

토마스 아뇨, 감사합니다. 난 손가락으로 입을 닦고, 손수건으로 손가락을 닦습니다.

종업원 손수건은 그러기위해 있는 게 아닙니다. 어쨌든, 말씀해주십시오, 어떤 요리를 선택하시겠습니까? 오늘의 특별요리를 원하세요?

토마스 아뇨. 먼저, 생야채 샐러드와 시골식 파이, 그 다음에, 전식으로, 베이컨 넣은 오믈렛을 주시고 ; 주 요리로는, 깡식 트리쁘, 알사스식 양배추절임, 포도주 닭요리, 뚤루즈식 까술레, 브르기뇽식 뽀떼, 사부아식 퐁뒤, 마르세이유식 부이야베스, 아니, 부이야베스는 오늘 저녁에 주시고, 뻬리고르의 트뤼프, 브레스의 암평아리 요리를 주세요.

종업원 치즈는 어떤 것을 원하세요?

토마스 모듬 치즈였으면 하는데, 록포르, 오베른느의 블뢰, 깡딸, 까레 드 레스트, 까망베르, 믈룅의 브리드, 리바로, 뽕레베끄산 치즈로 구성된 것을 주세요.

종업원 디저트는 무엇으로 하시겠습니까?

토마스 그랑 마르니에 수플레, 잼, 과일, 바닐라 아이스크림, 쵸콜렛 아이스크림, 그리고 브르따뉴식 메밀 크레프를 제대로 맛보고 싶군요.

종업원 과일은 어떤 걸로 할까요?

토마스 배, 사과, 복숭아, 바나나, 딸기, 버찌와 나무 딸기.

종업원 손님, 우린 자두밖에 없는데요.

토마스 자두 주세요.

종업원 이제 보니, 당신이 주문하신 게 하나도 없군요. 작은 완두콩과 마른 빵은 드릴 수 있습니다.

토마스 난 작은 완두콩도 싫고 마른 빵도 싫습니다.

종업원 녹색 강낭콩과 마른 빵은.

토마스 녹색 강낭콩도 마른 빵도 싫습니다.

종업원 낙엽 샐러드는요? 남은 게 그것뿐입니다.

토마스 낙엽 샐러드와 보졸레 한 병, 보르도 한 병, 쌍세르 한 병 주세요.

종업원 손님, 포도주도 더 이상 없는데요.

토마스 그럼, 난 디종 겨자를 탄 코카콜라를 마시겠습니다.

종업원 (주문을 전달하기 위해 돌아서면서) 주방장, 코카

콜라에 낙엽 샐러드.

토마스 샐러드는 아주 달콤하게. 기름이나 식초 없이, 마른 빵 큰 조각 하나.

종업원 (토마스에게) 이렇게 말하죠, 마른 빵도 함께, 부탁합니다.

토마스 마른 빵, 부탁합니다.

종업원 (토마스에게) 잘 하셨어요, 가져다 드리겠습니다, 손님.

대단한 시대 또는 대단한 모습

r과 u

(독백)

유일한 등장인물 : 후작부인 (목이 많이 파지고 벌어졌으며, 허리가 꽉 조이는 루이 14세기의 옷을 입고 있다)

후작 부인 내 침대 옆, 벽 사이에서, 길 쪽으로 난 창문을 통해 난 보았습니다, 끔찍한 일을! 내 마차가, 길 한 가운데에서, 네 바퀴를 하늘로 향하고 발랑 뒤집혔더군요. 내 마차는, 바퀴 위에, 제자리로 원상복구 되었습니다.

그 다음날, 길 쪽 창문을 통해, 침대 옆에서, 난 보았습니다, 끔찍한 일을! 길에서, 내 마차가 길 한 가운데에서 뒤집혀 바퀴들이 하늘을 향해있었습니다. 내 마차는, 바퀴 위에, 제자리로 원상복구 되었더군요.

그 다음 다음날, 내 침대와 벽 사이 공간 옆 창문으로, 난 보았습니다, 끔찍한 일을! 길에서, 내 마차가 뒤집혔습니다, 네 바퀴를 하늘을 향하고, 길 한 가운데에서.

난 사람들을 불러서, 그들에게, 어떻게, 매일 아침, 내 침대 옆, 벽 사이에서, 길 쪽으로 난 창문을 통해, 길에서, 내 마차가 네 바퀴를 하늘로 향한 채, 길 한 가운데에 뒤집혀있는 것을 보았는지를 말했습니다.

그들은 그 사실을 자신들이 알고 있었다고 대답했습니다, 왜냐하면, 매일 아침, 길에서, 길 한 가운데에 뒤집혀진 마차를 바퀴 위에 제자리로 원상복구 한 것이 자신들이기 때문이라는 것이었습니다.

"장난을 그만두게 하세요, 그들에게 말했습니다. 장난치는 자를 체포하세요."

하인 세 명이, 사흘 밤 동안, 내 침대와 벽 사이 옆의 창문을 통해, 장난치는 자를 감시하고 있었는데, 자정에, 그자가, 길에서, 길 한 가운데에, 내 마차를 바퀴를 하늘로 향하게 발랑 뒤집고 있는 바로 그 순간, 그들이 발견했지요.

교활한 놈은, 자기에게 몰려든 내 하인들한테 붙잡혀, 도망치려고도 했지만, 길 한 가운데에서, 심하게 두들겨 맞고, 바퀴에 부딪치고, 땅바닥에 뒹굴고, 발랑 나자빠졌답니다.